BestMasters

Mit „BestMasters" zeichnet Springer die besten Masterarbeiten aus, die an renommierten Hochschulen in Deutschland, Österreich und der Schweiz entstanden sind. Die mit Höchstnote ausgezeichneten Arbeiten wurden durch Gutachter zur Veröffentlichung empfohlen und behandeln aktuelle Themen aus unterschiedlichen Fachgebieten der Naturwissenschaften, Psychologie, Technik und Wirtschaftswissenschaften.
Die Reihe wendet sich an Praktiker und Wissenschaftler gleichermaßen und soll insbesondere auch Nachwuchswissenschaftlern Orientierung geben.

Weitere Bände in der Reihe http://www.springer.com/series/13198

Kathy Krüger

Herausforderung Fachkräftemangel

Erfahrungen, Diagnosen
und Vorschläge für die
effektive Personalrekrutierung

Kathy Krüger
Berlin, Deutschland

BestMasters
ISBN 978-3-658-20420-4   ISBN 978-3-658-20421-1   (eBook)
https://doi.org/10.1007/978-3-658-20421-1

Die Deutsche Nationalbibliothek verzeichnet diese Publikation in der Deutschen National-
bibliografie; detaillierte bibliografische Daten sind im Internet über http://dnb.d-nb.de abrufbar.

Springer Gabler

Gedruckt auf säurefreiem und chlorfrei gebleichtem Papier

Springer Gabler ist Teil von Springer Nature
Die eingetragene Gesellschaft ist Springer Fachmedien Wiesbaden GmbH
Die Anschrift der Gesellschaft ist: Abraham-Lincoln-Str. 46, 65189 Wiesbaden, Germany

Vorwort

Diese Arbeit wurde im Studiengang Management von Sozialeinrichtungen – Schwerpunkt Kinder- und Jungendeinrichtungen der Donau-Universität Krems in Kooperation mit der Paritätischen Akademie Berlin als Master-Thesis angenommen. Sie befindet sich auf dem Stand vom Februar 2017.

All denjenigen, die mich in den vergangenen Jahren unterstützt und gefördert haben, danke ich von ganzem Herzen dafür. Mein persönlicher und ganz besonderer Dank gilt meinem Gutachter, *Herrn Prof. Dr. Hans- Dieter Bamberg*, der es jederzeit verstand, mich zu motivieren, mich forderte, an manchen Tagen aufbaute und der mich engagiert bis über die Ziellinie hinaus begleitete.

An dieser Stelle möchte ich ebenso *Herrn Prof. Dr. Stephan Wagner* danken und gedenken. Er war es, der gemeinsam mit *Frau Dr. Fischer* von der Donau-Universität Krems diesen Studiengang ins Leben rief. Leider verstarb er plötzlich und viel zu früh.

Ein weiterer Dank gilt *Frau Gloria Pirjol M.A.* für die Erstellung des Zweitgutachtens und *Frau Stefanie Gallander*, die mir als Referentin über die gesamte Studienzeit stets hilfreich zur Seite stand und geduldig jeden Anruf und jede Mail meinerseits beantwortete.

Meine Kollegin, *Frau Anke Kahlert-Pirkl*, hielt mir den Rücken frei, sodass ein Studium für mich nebenberuflich möglich war. Der fachliche Austausch mit ihr war jederzeit sehr hilfreich für mich.

Schließlich bedanke ich mich noch von ganzem Herzen bei meinen Eltern *Monika* und *Rainer Krüger*, die mir stets alles in ihrer Macht stehende ermöglicht haben sowie bei meinem Lebenspartner *Dilaver Bicen*, der mich viel entlastete und so manche Zeit ohne mich verbringen musste. Meine Familie hat mich besonders in den vergangenen Monaten intensiv begleitet, sie gab mir Kraft, Zuspruch und unterstütze mich bei allem, was ich tat.

Kathy Krüger

Inhalt

Abbildungsverzeichnis

Abstract

Die vorliegende Arbeit thematisiert das Personalmarketing angesichts des gegenwärtigen Fachkräftemangels, dessen Gründe – vor allem das gute Wirtschaftswachstum mit parallel stetigem Abbau der Arbeitslosigkeit, die demographische Entwicklung und auch gestiegenen Ansprüche an die Flexibilität des Arbeitslebens und der besseren Vereinbarkeit von Arbeit und Familie- eingangs dargestellt werden. Ein besonderes Augenmerk gilt den Verhältnissen in der Sozialwirtschaft mit ihrem sehr hohen Anteil des Personals an der Dienstleistungsproduktion.

Die Bedeutung des Personalmarketings und seine Regeln und Instrumente, seine Einbettung in das betriebliche Personalmanagement und damit in die Organisationsentwicklung führt zum Kern der Arbeit, der kritischen Durchsicht der Möglichkeiten und Maßnahmen zur konkreten Einwerbung von Fachkräften. Insbesondere wird gezeigt, dass es für effektive und effiziente Personalfindung bedeutsam ist, Erfahrungen bei den je spezifischen Zielgruppen, Medien, Hilfsmitteln zu kennen und auszuwählen, die z. T. in der Fach-, z. T. in der Beratungsliteratur zu finden sind, z. T. aber auch durch eigene Erfahrungen und Recherchen in das Handeln eingehen.

Im Ergebnis werden drei Voraussetzungen für erfolgreiches Personalmarketing deutlich: die fachliche Kompetenz beim Handwerk der Personalsuche und -findung, die die Wirkungsweise der neuen sozialen Medien versteht und mit ihnen arbeitet und sie mit Kenntnissen der Knappheitsverhältnisse und der Qualifikationsbedingungen am Arbeitsmarkt verbindet; ferner die kommunikativ-professionelle Einbettung dieser Suche in die anderen Betriebs- bzw. Organisationsteile, so dass tatsächlich diejenigen gesucht werden, deren Fähigkeiten und Qualifikationen zu den zu besetzenden Stellen passen; und schließlich sollte idealerweise gegeben oder jedenfalls angestrebt werden, dass die jeweiligen Führungskräfte auch das Personalmarketing im Zusammenhang ihrer Hauptaufgabe der effizienten und qualitativ hochwertigen Erarbeitung von Produkten bzw. Dienstleistungen, einem guten Betriebsklima und einer positiven öffentlichen Wahrnehmung sehen. Insofern wird die positive Einwerbung gesuchter Fachkräfte auch als Indikator für eine erfolgreiche Organisation angesehen, und umgekehrt sollte eine unterdurchschnittlich erfolgreiche Suche Hinweise auf Probleme bei Kunden bzw. in der Sicht der Öffentlichkeit geben.

Abschließend werden zusammenfassende Merkpunkte für erfolgreiches Personalmarketing formuliert und Forschungslücken dargestellt wie etwa eine international vergleichende Studie über den Fachkräftemangel, seine Ursachen und den Umgang mit ihnen. Schließlich werden auch empfehlenswerte staatliche Aufgaben in dieser Hinsicht angesprochen, die quantitativ wie qualitativ den Fachkräftemangel verringern würden. Darunter fallen familienpolitische Maßnahmen, damit mehr Frauen die Erwerbsarbeit ermöglicht wird, bessere Möglichkeiten der Einwerbung ausländischer

Fachkräfte und, vor allem, weil damit auch viele gesuchte Qualifikationen umfasst werden, weitere Anstrengungen im Bildungs-, Ausbildungs- und Arbeitsförderungssystem.

1. Einleitung

1.1 Relevanz des Themas, persönliche Motivation und verwendete Quellen

Die vorliegende Masterthesis thematisiert das Werben, Suchen und Finden von Fachkräften in der Sozialwirtschaft und beschäftigt sich vor allem mit den unterschiedlichen klassischen und modernen Instrumenten der Personalrekrutierung. Diese auch als Personalmarketing bezeichneten betrieblichen Aufgaben sind Teil des Personalmanagements, das im Hinblick auf die betrieblichen Ziele eng mit dem Organisationsmanagement zusammenhängt.

Lotmar und Tondeur bescheinigen den Berufen im Sozialbereich ein relativ bescheidenes Ansehen. Damit ist das zum Teil vergleichsweise niedrige Lohnniveau auch für formal hochqualifizierte Fachkräfte im Sozialbereich erklärbar.[1] Dies und die angesprochenen täglichen Herausforderungen wie Stress und Überlastung erklären, warum es oft gerade in dieser Branche sehr schwierig zu sein scheint, passende und gut qualifizierte Mitarbeiter zu suchen und zu finden.

Unter Fachkräfte verstehe ich in dieser Arbeit in Anlehnung an den Sprachgebrauch der Bundesanstalt für Arbeit Personen *„mit einer abgeschlossenen mindestens zweijährigen Berufsausbildung oder einer vergleichbaren Qualifikation."*[2]

Der Begriff Fachkräftemangel- oder oft auch Mangel, Kräftemangel oder Engpass genannt- beschreibt die zahlenmäßige Knappheit an Arbeitnehmern mit den benötigten Fähigkeiten, um die vakanten Positionen zu decken.[3]

Wesentlicher struktureller Grund für den Fachkräftemangel ist die seit einigen Jahren erfreuliche Wirtschaftsentwicklung mit dem parallelen Anstieg von sozialversicherungspflichtigen Vollzeitstellen und dem stetigen Sinken der Arbeitslosigkeit mit der Folge, dass es eben immer weniger verfügbare Arbeitskräfte gibt und sie unter anderem von anderen Arbeitgebern abgeworben werden müssen.

---

[1] vgl. Lotmar/Tondeur 1993, o.S.
[2] vgl. Bundesagentur für Arbeit 2016 d, S. 6
[3] vgl. ebd.

Des Weiteren erschweren bzw. verkomplizieren strukturelle Einflüsse und Veränderungen die Rekrutierung geeigneter Fachkräfte. Dabei stehen der demografische Wandel und der Fachkräftemangel im Vordergrund und zählen zu den wichtigsten externen Top-Themen in der Personalbeschaffung.

Der Fachkräftemangel, beispielsweise in der Altenpflege, lässt sich bundesweit feststellen. Um die gemeldeten Stellen zu besetzen, stehen in keinem Bundesland ausreichend arbeitslose Bewerber zur Verfügung.[4] Im Bundesdurchschnitt sind die gemeldeten Stellenangebote im Jahr 2016 153 Tage vakant, 27 Tage länger als noch im Vorjahr und 70% mehr als die durchschnittliche Vakanzzeit über alle Berufe.[5]

Die Fachkräfteprognose in Berlin im Erzieherbereich, speziell in den Kindertagesstätten, bringt erschreckende Zahlen hervor: Zum Kitajahr 2016/2017 fehlten bereits 1300 Erzieher. In Berlin sollen 10.000 neue Kitaplätze geschaffen werden, doch geeignetes Personal fehlt. Inzwischen hat Berlin die Ausbildungskapazitäten aufgestockt, doch die Wirkung wird sich erst in ein paar Jahren niederschlagen.[6] Abwerbungen aus anderen Bundesländern, in denen die Kinderzahlen tendenziell zurückgehen, sind wenig erfolgsversprechend. Auch Torsten Wischnewski- Ruschin, Kita-Referent im Paritätischen Wohlfahrtsverband äußerte sich kritisch: *„Schon jetzt gibt es wenige Bewerber aus anderen Bundesländern, denn in Berlin verdienen Erzieher etwa 350 Euro pro Monat weniger."*[7]

Der Fachkräftemangel hat inzwischen eine solche Brisanz, dass in besonders betroffenen Branchen bereits, wie der Präsident des Arbeitgeberverbandes Gesamtmetall berichtete, zu sehr ungewöhnlichen Vorsorgemaßnahmen Zuflucht genommen wird: *„Die Unternehmen horten Personal zulasten der Produktivität."*[8]

In ähnlicher Richtung äußerte sich der Vorstandschef des Baustoff-Konzerns Saint-Gobain, der seine öffentliche Präsentation und besonders den Internetauftritt verbessert. Und zwar nicht so sehr wegen seiner Kunden- die Geschäftskunden sind in der Regel andere Firmen, sondern wegen der Suche nach Fachkräften: *„Wir brauchen mehr Aufmerksamkeit als Arbeitgeber. In vielen Ländern, darunter Deutschland, haben wir große Probleme, Leute zu finden."*[9]

---

[4] vgl. ebd. S. 14
[5] vgl. ebd., S. 7,14
[6] vgl. Anders 2016, o.S.
[7] Anders 2016
[8] Michler 2016, S. 36
[9] Schubert 7.11.2016, S.21

Gleichermaßen dramatisch ist das Resümee des Deutschen Industrie- und Handelskammertages am Ende des Jahres 2016. Sein Chefvolkswirt stellte in seiner Analyse fest: *"Die Sorgen der Betriebe um die Fachkräftesicherung steigen."* [10] Und: *"40 Prozent der Unternehmen beklagen mittlerweile einen Fachkräftemangel."*[11] Beinahe jeder zweite sehe darin *"eine der Hauptrisiken für seine zukünftige Geschäftstätigkeit."*[12]

Der Rückgang der Bevölkerungszahlen, steigende Lebenserwartung und die gleichzeitig zunehmenden Erwartungen bzw. Anforderungen an die Qualifikation von Arbeitskräften- gerade die Sozialwirtschaft ist angesichts dieser Entwicklungen vom Fachkräftemangel betroffen.[13]

Schließlich wird die Suche nach und das Finden von Fachkräften auch stark geprägt von veränderten Einstellungen zur Arbeit, ihrer Flexibilität und Mitbestimmungsmöglichkeit durch die Angestellten, kurz gesagt, durch veränderte Haltungen zum Verhältnis von Arbeit und Leben- Veränderungen, die auch intern bereits das Betriebsklima und die betrieblichen Abläufe tangieren. Auf mein Thema bezogen heißt das, dass die jungen Generationen von Arbeitnehmern, vor allem die Generation Y, die heute aktiv am Arbeitsmarkt teilnimmt und sich in ihrem Mediennutzungsverhalten, aber insbesondere auch in ihrer Einstellung zum Thema Arbeit deutlich von den bisherigen Generationen unterscheidet, neue Wege der Rekrutierung fordert, die es von den Unternehmen zu berücksichtigen gilt.

Aufgrund der knappen Bewerberzahlen der jungen Generationen stehen Unternehmen zunehmend vor der Herausforderung, passende Kandidaten für vakante Stellen erfolgversprechend auf dem Arbeitsmarkt mit den geeigneten Rekrutierungsinstrumenten zu finden. Die Thematik „Personalrekrutierung" ist in den letzten Jahren zunehmend wichtiger geworden und wird es m.E. auch bleiben.

Ich habe mich weiterhin aus persönlichen Gründen für dieses Thema entschieden, da ich als Geschäftsführerin einer mittelgroßen Einrichtung bereits in den kommenden fünf Jahren vor der großen Schwierigkeit stehen werde, mindestens sechs Stellen aufgrund von Altersberentung neu besetzen zu müssen. In den nächsten zehn Jahren sind es schon mindestens elf Vakanzen, die neues Personal erfordern. Als Verantwortliche eines Trägers ohne bisherige Öffentlichkeitsarbeit, wird sich mir noch längere Zeit die Herausforderung stellen, wo und wie ich am besten die gewünschte Zielgruppe- die passenden Kandidaten- erreichen kann, wenngleich die Öffentlichkeit noch nicht

---

[10] Frankfurter Allgemein Zeitung 2016, S.17
[11] ebd.
[12] ebd.
[13] vgl. König u.a. 2012, S. 11-12

viel über die Existenz des Trägers weiß. Die Auseinandersetzung mit diesem Thema hat für mich einen ganz wichtigen Praxisbezug und weckt mein Interesse insofern, als dass ich weitere Kenntnisse und praxistaugliche Erfahrungen für meinen Träger erwerben kann.

Die Masterthesis fußt auf theoriegeleiteten und empirischen Quellen, auf persönlichen praktischen Erfahrungen sowie auf in die Arbeit einfließenden Experteninterviews, deren Wortlaut im Anhang zu finden ist.

1.2 Ziel und Inhalt

Ziel meiner Arbeit ist es, herauszufinden, welche Instrumente (in der Fachsprache Recruiting Tools genannt), vor dem Hintergrund des Fachkräftemangels, aktuell für die Ansprache und Rekrutierung der gewünschten Zielgruppe am Arbeitsmarkt von deutschen kleinen und mittelständischen Unternehmen (KMU) zu nutzen sind. Die Zielgruppe definiert sich in Fachkräfte sowie in mittlere und obere Führungskräfte. Dabei wirken jedoch die spezifischen Tools der Personalbeschaffung nicht bei allen Anzuwerbenden innerhalb der Zielgruppe gleichermaßen erfolgsversprechend.

Weiterhin gilt, sich einen Überblick darüber zu verschaffen, welche Rekrutierungstrends sich zukünftig ergeben könnten und welche Rolle Social Media in der Personalsuche spielt. Die empirische Untersuchung in Form von Experteninterviews wird sich dabei ausschließlich auf die Situation von Trägern der Sozialwirtschaft richten.

Der derzeitige Wissensstand, so wie ich ihn überblicke, wird dabei anhand dreier wichtiger Zielsetzungen erarbeitet:

1. Darstellung eines gegenwärtigen als auch zukünftigen Fachkräftemangels,
2. Darstellung aller (mir) verfügbaren Recruiting Tools und Identifizierung der Bedeutung von Social Media und
3. Darstellung zukünftiger Entwicklungen der externen Personalrekrutierung deutscher Unternehmen und speziell von sozialwirtschaftlichen Unternehmen.

Das Thema der Masterarbeit ist eingebettet in die weiteren Bereiche von Personalmarketing und Personalmanagement.

Mein Vorgehen ist so angelegt, dass im zweiten Kapitel zunächst eine allgemeine Klärung der Zusammenhänge des Themas erfolgt und im dritten Kapitel der Prozess der Personalbeschaffung inklusive der Aufgaben und Ziele der Personalbeschaffung, Personalwerbung und -auswahl bis hin zur Personaleinstellung näher thematisiert werden.

Kapitel vier befasst sich zunächst mit einem der wichtigsten Elemente in der Personalwirtschaft: der Personalrekrutierung. Hier erfolgt die Vorstellung klassischer als auch moderner Recruiting Tools und es werden bestehende gegenwärtige Probleme bei der

Stellenbesetzung aufgezeigt. Da sich die erkenntnisleitende Frage speziell auf das Anwerben externer Fachkräfte bezieht, werden in diesem Kapitel die bekanntesten externen Recruiting Tools sowie deren Vor- und Nachteile in der Bewerberansprache bearbeitet. Die interne Suche nach Arbeitskräften behalte ich mir für eine spätere Arbeit vor. Sie ist nicht Thema dieser Masterthesis.

Kapitel vier beschäftigt sich ebenfalls speziell mit dem Thema „Social Media Recruiting" und beinhaltet sowohl Erklärungen zum Begriff als auch Hintergrundinformationen zur Entstehungsgeschichte und der Entwicklung des Web 2.0. Schließlich wird auf die wichtigsten Social-Media-Kanäle XING und Facebook näher eingegangen.

Welche gegenwärtigen Entwicklungen in der externen Personalrekrutierung deutscher Unternehmen und ganz speziell in Sozialunternehmen Anwendung finden, wird im fünften Kapitel der Masterthesis herausgearbeitet.

Im sechsten Kapitel werden die aktuellen Ergebnisse der Experteninterviews geliefert. Hier werden die mit zwei ausgewählten Sozialunternehmen geführten Befragungen zusammengefasst und auf die drei oben genannten Zielsetzungen hin ausgewertet. Die Experten der Arbeiterwohlfahrt Kreisverband Fürstenwalde e.V. und der pme Familienservice GmbH geben Auskunft darüber, ob sich in ihrem Unternehmen ein Fachkräftemangel bereits beobachten lässt oder wie sie die Entwicklungen diesbezüglich bewerten. Weiterhin berichten sie darüber, welche Recruiting Tools sie derzeit für ihre Personalsuche verwenden und welche Rolle Social Media dabei spielt sowie welche Entwicklungen sie zukünftig in der Personalrekrutierung erwarten bzw. was sie sich bzgl. der Personalbeschaffung ihres Unternehmens wünschen.

Gegen Ende der Masterthesis versuche ich, aufgrund meiner Bearbeitung die erwähnte Zielsetzung hinsichtlich der praxistauglichen Tools zu erreichen. Es soll dann auch gelungen sein, einen theoretisch einleuchtenden und praktisch nützlichen Überblick über das Thema in allgemeiner Hinsicht gegeben zu haben.

Abschließend bringe ich für Betriebspraktiker einige mir wesentlich erscheinende praktische Erkenntnisse aus meiner Arbeit in jeweils fünf Merksätzen auf den Punkt, was bei der Einwerbung und Suche von Fachkräften bei KMU´s besonders beachtenswert ist und welche speziellen Fehler vermieden werden sollten.

In einer Zusammenfassung werden die wichtigsten Ergebnisse meiner Arbeit in Bezug auf die erkenntnisleitende Frage kompakt dargestellt.

Zuletzt versuche ich einige mir plausibel erscheinende Tendenzen in Sachen Fachkräfteentwicklung und ihrer passenden Einwerbung zu prognostizieren. Schließlich skizziere ich auch die mir auffallenden Lücken bei den Tatsachen zum Fachkräftemangel und zur effektiven Findung, die ich meine, dass sie möglichst empirisch und repräsentativ erforscht werden sollten.

2. Die Suche nach Fachkräften in der Sozialwirtschaft: Allgemeine Klärung der Zusammenhänge des Themas

Vor der konkreten Analyse der Suchprozesse nach Fachkräften der Sozialwirtschaft erscheint es mir sinnvoll, die eng mit der Thematik zusammenhängenden Begriffe bzw. Tatsachen wie Demografie, Fachkräftemangel, Stellung der Sozialwirtschaft sowie die Merkmale der neuen Generationen von Arbeitnehmern soweit zu erklären, wie es mir für die weitere Bearbeitung meines Themas notwendig erscheint.

Themenschwerpunkte wie demografischer Wandel und Fachkräftemangel sind in den letzten Jahren zu Recht in das Zentrum der öffentlichen Diskussion gerückt. Die neuen Generationen von Arbeitnehmern, die gegenwärtig und zukünftig am Arbeitsmarkt teilnehmen, stellen die Unternehmen vor völlig neue Herausforderungen im Bereich der Personalbeschaffung. Im Folgenden wird auf die Themenfelder „Demografischer Wandel", „Fachkräftemangel" und „Die neuen Generationen von Arbeitnehmern" kurz eingegangen. Sie stellen die objektive Relevanz des Themas der Masterthesis dar.

2.1 Sozialwirtschaft

Die Sozialwirtschaft grenzt sich von nicht-sozialwirtschaftlichen Märkten deutlich durch ihren Ursprung, ihre Bedingungen und Zielsetzungen ab.[14] Die Kompetenzen der Mitarbeiter in sozialen Dienstleistungen spielen dabei eine ganz wesentliche Rolle und werden geradezu als wichtigster Erfolgsfaktor angesehen.[15] Im Folgenden wird die Begrifflichkeit der Sozialwirtschaft näher erläutert. Weiterhin erfolgt die Betrachtung der Spezifika der Sozialwirtschaft, der allgemeinen Grundlagen sowie der besonderen Merkmale der sozialen Dienstleistungen. Abschließend erfolgt ein Blick auf aktuelle Veränderungsprozesse.

---

[14] vgl. Arnold/Maelicke 2009, S.9, Böttcher/Merchel 2010, S. 98, Wendt 2009, S. 31
[15] vgl. Hoffmann 2012, S. 26, Maelicke 2004, S. 15

2.1.1 Sozialwirtschaft- ein Definitionsversuch

Eine aus der Perspektive der Sozialen Arbeit geläufige Definition der Sozialwirtschaft stammt von Wendt. Demzufolge ist die Sozialwirtschaftslehre eine Mischung aus Funktionslehre, Institutionslehre und spezieller Betriebswirtschaftslehre.[16]

Für die Soziale Arbeit, die institutionalisiert in Versorgungsstrukturen in Form von Diensten, Einrichtungen und Unternehmen erfolgt, gibt es ökonomische Bezugsrahmen, die sich in der Sozialwirtschaft wiederfinden.[17]

Der Begriff Sozialwirtschaft typisiert einen Bereich der Wirtschaft, der Einrichtungen, Organisationen und Unternehmen erfasst, welche einen sozialen Zweck verfolgen und zum Ziel haben, mit dem eigenen Leistungsangebot das Wohlergehen einzelner Menschen oder Gruppen von Menschen zu fördern bzw. zu ermöglichen. Die Sozialwirtschaft wirkt sozialer und ökonomischer Ausgliederung von Menschen entgegen, indem sie Prozesse ihrer Eingliederung herbeiführt und wirtschaftlich gestaltet. Soziale Gerechtigkeit und soziale Sicherheit soll dabei durch das System sozialer Leistungen mit ihren Organisationen und ihren Leistungsformen gewährleistet werden. Darunter zählen die Arbeitsfelder der Kinder- und Jugendhilfe, der Altenhilfe, der Sozialhilfe sowie der nicht medizinischen Gesundheitshilfe.[18]

Auch Maelicke widerspricht der Definition von Wendt nicht und sieht Sozialwirtschaftslehre als eine Fachdisziplin, die sich aus Volkswirtschaft, Psychologie, Soziologie, Sozialpolitik, Betriebswirtschaft und Fachwissen der Sozialen Arbeit entwickelt.[19] Ziel sozialwirtschaftlicher Organisationen ist also primär die Steigerung des Wohlbefindens der Klienten und nur sekundär der ökonomische Erfolg.[20]

Das Spektrum der Definitionen des Begriffes Sozialwirtschaft in der Fachliteratur reicht von einer Beschränkung ausschließlich auf Anbieter sozialer und gesundheitsbezogener Dienstleistungen innerhalb der Non-Profit-Bereiche bis hin zu dem Einbezug aller Unternehmen, die ohne privates Gewinninteresse geführt werden und auch nicht Teil staatlicher Haushalte sind.[21]

---

[16] vgl. Wendt 2002, S. 16
[17] vgl. Wendt 2003, S. 31
[18] vgl. ebd., S. 13f
[19] vgl. Maelicke 2012, S. 19
[20] vgl. Wendt 2002, S. 8
[21] vgl. Kramer 2006, S. 4-5

Der Erfolg sozialer Arbeit misst sich mindestens an der Verhinderung und/oder des Rückgangs individueller oder gesellschaftlicher sozialer Problemlagen und führt bestenfalls zur Beseitigung dieser. Intention ist dabei die Anpassung bestehender gesellschaftlicher Lebensumstände mit dem Ziel sozialer Gerechtigkeit und gleichwertiger Lebensverhältnisse.[22] Dabei gilt es zu berücksichtigen, dass ohne wirtschaftlichen Erfolg, im Wettbewerb untereinander um Qualität, Wirksamkeit und ökonomische Effizienz, im rechtlich legitimen Rahmen sozialwirtschaftliche Organisationen nicht innovationsfähig sind und das Risiko bestehen könnte, dass sie spätestens mittelfristig ihr Unternehmen einstellen müssen und keine Leistungen mehr erbringen können.

2.1.2 Spezifika der Sozialwirtschaft

Soziale Arbeit leistet soziale Dienstleistungen. Dabei werden drei Trägergruppen, für die aufgrund unterschiedlicher Ressourcen und Marktzugangsmöglichkeiten ungleiche Wettbewerbsbedingungen gelten, voneinander unterschieden: öffentliche, private und freie Träger.[23]

Da der öffentliche Träger die Leistung sehr häufig nicht selbst erbringen kann, beauftragt er im Rahmen des Subsidiaritätsprinzips einen freien Träger mit der Leistungserbringung und vergütet die Leistung. Daraus resultiert das „sozialrechtliche Dreiecksverhältnis". Der Staat nimmt seine Gesamtverantwortung für die Erbringung sozialer Dienstleistungen als Leistungsträger gemäß des Dreiecks zwischen Hilfesuchenden, Staat und freien Trägern in besonderer Weise wahr. Er bewilligt Hilfesuchenden Leistungen aufgrund eines individuellen Rechtsanspruchs, erbringt diese aber zumeist nicht selbst, sondern trifft mit anderen, nichtstaatlichen Leistungserbringern vertragliche Vereinbarungen, z.B. über Qualität und Standards der Leistungserbringung und der Kostenerstattung.[24]

Das Verhältnis zwischen öffentlichen Trägern als Leistungsverpflichtete und freien Trägern als Leistungserbringer ist in Rahmenverträgen geregelt, die in den jeweiligen Bundeslandern unterschiedlich gestaltet sein können. In den Rahmenverträgen werden meist Regelungen über die Zuständigkeiten sowie zu den Trägerverträgen mit ihren einzelnen Bestandteilen getroffen. Entgeltvereinbarungen und Leistungsvereinbarungen, die sich auf Art und Inhalt sowie auf Methoden und Umfang der Leistungen

---

[22] vgl. Bassarek/Schneider 2012, S.7
[23] vgl. Arnold/ Maelicke 2009, S. 145
[24] vgl. Schick 2012, S. 13

beziehen und weiterhin Qualitätsentwicklungsvereinbarungen sind gewöhnlich Be-
standteile von Trägerverträgen.

2.1.3 Allgemeine Grundlagen

Der steuerliche Vorteil – die Gemeinnützigkeit- von sozialen Organisationen legt fest,
dass sozialwirtschaftliche Unternehmen von der Körperschaftssteuer und der Gewer-
besteuer befreit werden können. Etwaige Gewinne unterlägen in diesem Fall nicht der
Gewerbe- oder Körperschaftsteuer. Im Umkehrschluss muss das Vermögen der Steuerbegünstigten aber dauerhaft und zeitnah für die steuerbegünstigten Zwecke laut Sat-
zung verwendet werden.[25]

Die vertragsrechtlichen Grundlagen sind allgemein geregelt. Sozialwirtschaftliche Unternehmen unterliegen hinsichtlich des Zustandekommens von Verträgen, ihrer Ab-
wicklung sowie möglicher Folgen bei Leistungsstörungen den allgemeinen vertragsrechtlichen Regelungen.[26]

Weiterhin findet das Arbeitsrecht in seiner vollen Fassung Anwendung in der Sozialwirtschaft. Aus dem Arbeitsverhältnis ergeben sich sowohl Pflichten für den Arbeitgeber als auch für den Arbeitnehmer, die allgemein geregelt sind. Zu erwähnen wären
hierbei das Arbeitszeitgesetz, das Kündigungsgesetz sowie das Bundesurlaubsge-
setz.

Arbeitsschutz, Gesundheitsschutz, Hygieneverordnungen, das Seuchenschutzgesetz
mit seinen Meldepflichten und die Brandschutzbestimmungen werden weiterhin allgemein geregelt und finden auch in sozialen Einrichtung gänzlich Anwendung.

2.1.4 Soziale Arbeit als soziale Dienstleistung

Unter Dienstleistungen werden selbstständige und marktfähige Leistungen verstan-
den, die gewisse Potentiale bzw. Leistungsfähigkeiten einsetzen oder bereitstellen. Interne Faktoren wie Personal, Ausstattung, Geschäftsräume sowie externe Faktoren
wie Person oder Objekt des Dienstleistungsnachfragers werden im Rahmen des Er-
stellungsprozesses miteinander kombiniert.[27]

---

[25] vgl. ebd., S. 101f
[26] vgl. ebd., S. 14
[27] vgl. Arnold/ Maelicke 2009, S. 440

Sozialwirtschaftliche Unternehmen sind vorranging im personenbezogenen Dienstleistungsbereich angesiedelt. Das Wirtschaftsgut der Dienstleistungen ist immateriell und bezieht sich auf eine Leistung am Menschen. Die Personalkosten machen dabei den höchsten Anteil an den gesamten Betriebskosten aus. Personenbezogene Dienstleistungen weisen Parallelen zu erwerbsorientierten Dienstleistungsunternehmen im Hinblick auf die charakteristischen Besonderheiten auf:

> **Immaterialität/Intangilibität:** Dienstleistungen sind weder sichtbar noch greifbar. Die zentrale Leistung, die der Dienstleistungsanbieter erbringt, ist nicht gegenständlich, auch wenn es sein könnte, dass im Prozess der Dienstleistungsproduktion auch Sachleistungen einfließen.

> **Unteilbarkeit/ Vergänglichkeit:** Vergänglich sind Dienstleistungen deshalb, weil sie nicht lagerfähig sind. Unteilbar sind sie, da Konsum und Produktion zusammenfallen. Dabei wird vom „Uno-Actu-Prinzip" gesprochen.

> **Integration des externen Faktors:** Da die Dienstleistung unmittelbar an der Person des Empfängers erbracht wird und Produktion mit Konsum zeitgleich abläuft, ist ein intensiver Kontakt zwischen Empfänger und Anbieter der Dienstleistung notwendig. Der Empfänger hat durch seine Mitwirkung Einfluss auf das Ergebnis (Koproduktion)

> **Standortgebundenheit:** Die Dienstleistung kann nur dort erbracht werden, wo sich der Empfänger der Leistung aufhält.

> **Individualität:** Dienstleistungen weisen eine hohe Individualität aus und sind daher nur restriktiv standardisierbar. Dienstleistungen müssen variabel sein, um an die Bedürfnisse der Klienten angepasst werden zu können. Sie weisen daher immer individuelle Qualitäten auf.[28]

Das Besondere an der Dreiecksbeziehung zwischen dem Leistungserbringer, dem Kostenträger und dem Leistungsempfänger sozialer Dienstleistungen ist der Fakt, dass soziale Dienstleistungen in der Regel nur durch die Koproduktion von Leistungsanbieter und Leistungsempfänger zustande kommen, wobei beide am Produktionsprozess in unterschiedlichen Rollen/Verantwortlichkeiten beteiligt sind.[29]

Ähnlich wie auch in anderen Dienstleistungssektoren ist der Einsatz der Ressource Personal als Produktionsfaktor die kostenintensivste Aufwendung, die eingesetzt werden muss, um Leistungen in sozialen Einrichtungen zu erbringen. Der Personalführung

---

[28] vgl. Arnold/Maelicke 2009, S. 408f
[29] vgl. Merchel 2003, S. 6ff

steht im Management sozialwirtschaftlicher Unternehmen somit eine herausragende Bedeutung zu.

2.1.5 Aktuelle Veränderungsprozesse

Seit Anfang der 90er Jahre des letzten Jahrhunderts erleben wir einen umfassenden Umbau des Wohlfahrtsstaates. Der Wandel der Finanzierungs- Kooperations- und Wettbewerbsbedingungen sozialer Unternehmen ist Grund für die Neuausrichtung des Sozialen. Aufgrund des Wegfalls von Marktzugangsbeschränkungen einzelner Arbeitsfelder der sozialen Arbeit sowie aufgrund der Stärkung von Wirtschaftsmaximen verändern sich die Trägerstrukturen immer mehr.

Für die freien Träger sozialer Dienstleistungen z.b. zeichnet sich eine ungewisse Zukunft ab, die gewisse Planungsrisiken für den Träger inklusive seiner Beschäftigten mit sich bringt. Gerade sie tragen ein erhöhtes wirtschaftliches Risiko bis hin zur möglichen Insolvenz, was sich wiederum auf das Lohnniveau, bei gleichzeitiger Steigerung der Arbeitsbelastung der Beschäftigten auswirkt.

In Abhängigkeit von finanzieller Beständigkeit , nach Fähigkeiten und Ergebnissen von Management und Fachkräften sowie nach der Nachfrage nach den angebotenen Dienstleistungen und der Flexibilität hinsichtlich etwaiger Veränderungen können schwächere Träger gegenüber stärkeren ihre Stabilität, Ihre Kunden und das Vertrauen ihres Finanziers verlieren und sogar gezwungen sein, den Betrieb einzustellen. Das gilt mittlerweile i. d. R. auch für soziale Einrichtungen. Was in der kühlen Betriebswirtschaftssprache „Marktbereinigung" genannt wird und über den Einzelfall hinaus auch durchaus nicht nur negative Seiten hat, ergibt große Probleme für die direkt Betroffenen. Für Führungskräfte liegt insoweit eine große Verantwortung vor, langfristige Stabilität anzustreben und kurzfristig schnell präventiv tätig zu werden, wenn „Risiko-Ampeln" auf gelb umschalten. Aufgrund der Planungsrisiken ist es in vielen Fällen deshalb nur selten gesichert, dass auf Jahre hinaus Beschäftigungsverhältnisse bei einem freien Träger garantiert werden.

2.2 Demografischer Wandel

In Deutschland zeigt sich der demografische Wandel in einem allmählichen Bevölkerungsrückgang. Die steigende Zahl älterer Menschen und die gleichzeitig sinkende Bevölkerung im erwerbsfähigen Alter verschieben den demografischen Rahmen in bisher unbekannter Weise. Schon in den vergangenen Jahrzehnten konnte man hinsichtlich der Einwohnerzahlen und -strukturen deutliche Veränderungen bemerken. Der bisher noch als schleichend empfundene Strukturbruch wird sich in den kommenden Jahren jedoch deutlich beschleunigen.[30] Während Deutschland im Jahr 2016 aktuell noch 81,58 Millionen Einwohner verzeichnet, wird die Einwohnerzahl laut Prognose im Jahr 2030 nur noch bei 80,92 Millionen liegen, 2060 werden sogar nur noch 73,08 Millionen Einwohner prognostiziert.[31]

Festzustellen ist, dass einerseits die Zahl der unterstützungsbedürftigen Menschen in der Gesellschaft zunimmt, andererseits jedoch die Anzahl erwerbsfähiger Menschen sinkt.

2.3 Fachkräftemangel

Schwindende Bevölkerungszahlen, steigende Lebenserwartung und die gleichzeitig zunehmende Anforderungen an die Qualifikation von Arbeitskräften: der demografische Wandel wirkt sich langfristig auch auf den Arbeitsmarkt aus.

Die vergangenen Jahre waren durch Strukturwandel und hohe Arbeitslosenquoten um die Jahrtausendwende geprägt. Doch der deutsche Arbeitsmarkt befindet sich im Umbruch, die Nachfrage nach qualifizierten und motivierten Fachkräften, also Erwerbsfähige mit mindestens einer abgeschlossenen Berufsausbildung oder einem vergleichbaren Sekundärabschluss, erfährt ein buchstäbliches Hoch.

Zufolge des Kurzberichts vom April 2016 des Instituts für Arbeitsmarkt- und Berufsforschung der Bundesagentur für Arbeit gab es im Laufe des Jahres 2015 insgesamt ca. 3,4 Millionen Neueinstellungen in ungeförderte sozialversicherungspflichtige Beschäftigungsverhältnisse in Deutschland, wobei davon 2,7 Millionen auf Westdeutschland und 0,7 Millionen auf Ostdeutschland entfielen.[32] Im Jahresvergleich wuchs die Anzahl der Erwerbstätigen in Deutschland zunehmend. So waren laut statistischem Bundesamt im Juli 2016 rund 43,6 Millionen Personen mit Wohnort in Deutschland erwerbstätig. Dies entspricht gegenüber dem Vorjahr einem Zuwachs von 533.000 Erwerbsfähigen. Erwerbslos waren im Juli 2016 ca. 1,9 Millionen Personen, 60.000 weniger als im Vorjahr.[33]

Trotz der guten Arbeitsmarktentwicklung im Inland, bleibt das weltwirtschaftliche Umfeld gleichzeitig instabil und die Auswirkungen des demografischen Wandels werden

---

[30] vgl. Statistisches Bundesamt 2011, S. 3
[31] vgl. Statista 2016 a
[32] vgl. Brenzel u.a. 2016 S. 1
[33] vgl. Statistisches Bundesamt 2016, S. 1

sich weiterhin verstärken. Die Entwicklung der Flüchtlingszahlen und deren konkrete Auswirkungen für den Arbeitsmarkt sind noch ungewiss. Der Bedarf an qualifizierten Fachkräften wird in Verbindung mit der weiter fortschreitenden Globalisierung und Digitalisierung auf einem hohen Niveau bleiben und in bestimmten Branchen oder Regionen merklich zunehmen.[34]

Gerade die Sozialwirtschaft ist aufgrund dieser langfristigen Entwicklungen vom Fachkräftemangel betroffen.[35] Allerdings gibt es in diesem Bereich noch recht spärliche Forschungsergebnisse. Im Jahr 2008 gehörten erstmals Soziale Berufe zu den „Top-Fünf" des Arbeitskräftebedarfs in Deutschland. Darunter fielen beispielsweise Stellen für Sozialpädagogen, Erzieher, Krankenschwestern, Pfleger und Altenpfleger.[36] Doch nicht nur in den Senioren- und Pflegeheimen hat sich aufgrund der erhöhten Anzahl an pflegebedürftigen und alten Menschen der Bedarf nach Fachkräften erhöht, sondern auch in der Kinder- und Jugendhilfe sowie in der Migrations-und Flüchtlingsarbeit ist die Nachfrage nach qualifiziertem Personal groß geworden. Dieser Bedarf wird auch in den kommenden Jahren nicht dadurch abnehmen, dass vor dem Hintergrund des demografischen Wandels sich der Anteil der Kinder und Jugendlichen an der Gesamtbevölkerung verringern wird. Allein mit Blick auf die steigende Anzahl von Flüchtlingen in Deutschland zeigt sich ein zusätzlicher Bedarf an Fachpersonal zur Betreuung von beispielsweise unbegleiteten minderjährigen Flüchtlingen.

Laut der Studie „Fachkräftemangel in der Sozialwirtschaft" von 2012 zeigt sich bereits, dass 82% der deutschen Unternehmen in der Sozialwirtschaft, je nach Größe, Gesellschaftsform und Handlungsfeld angaben, vom Fachkräftemangel betroffen zu sein.[37] Handlungsfelder wie Jugendhilfe, Kindertagesstätten, Pflege, Behindertenhilfe und vor allem Arbeit und Beschäftigung sowie die ambulante Pflege lagen laut Studie noch über den 82%. Die Auswirkungen des Fachkräftemangels zeigen sich maßgeblich in der Anzahl der offenen und damit kaum oder nicht besetzbaren Stellen. Hauptsächlich erschien es schwierig, offen Stellen mit ausgebildeten Fachkräften zu besetzen.[38] Die Gründe für die Probleme in der Stellenbesetzung liegen, wenn auch nicht vorherrschend, unter anderem in der fehlenden Qualifikation sowie in der nicht zeitnahen Verfügbarkeit der Bewerbenden. Auch der Konkurrenz- und Wettbewerbsdruck der sozialwirtschaftlichen Unternehmen untereinander darf nicht vernachlässigt werden. Der

---

[34] vgl. Bundesagentur für Arbeit 2016 a, S. 6
[35] vgl. König u.a. 2012, S. 11-12
[36] vgl. Heckmann u.a. 2009, S. 3
[37] vgl. König u.a. 2012, S. 11
[38] vgl. ebd., S. 12-14

Hauptgrund jedoch zeigt sich vor allem in der unzureichenden Anzahl oder Erreichbarkeit von geeigneten Bewerbern bei der Besetzung von vakanten Stellen.[39]

2.4 Die neuen Generationen von Arbeitnehmern

Neben der Tatsache, dass der Mangel an qualifizierten Fachkräften rein quantitativ zu Buche schlägt, stehen Unternehmen in Bezug auf die Generationsvielfalt, die bereits jetzt in den Organisationen zu beobachten ist und die sich in den kommenden Jahren verschärfen wird, vor ganz anderen Herausforderungen.

2.4.1 Die Generation Y- Die Digital Natives

Vor allem die Generation Y, die Digital Natives, geboren zwischen 1983 und 2002[40] strömen aktuell auf den Arbeitsmarkt und heben sich mit ihrer Einstellung zum Thema Arbeit von den Vorgängergenerationen deutlich ab.[41] Charakterisierend für die Digital Natives, die aufgrund des Geburtenrückgangs rein zahlenmäßig nur ein knappes Gut darstellen und denen dadurch ein größeres Angebot auf dem Arbeitsmarkt zur Verfügung steht, ist ein Wertewandel, der durch erhöhte Ansprüche an die zukünftigen Arbeitgeber evident wird. Die „Ypsiloner"[42], die sich ihrer Seltenheit sehr bewusst sind, treten nicht mehr als Bittsteller auf. Mit der Frage: „Was tut das Unternehmen für mich?" entscheiden nun in erster Linie die Fachkräfte der Generation Y und nicht mehr der zukünftige Arbeitgeber, ob und wofür sich das Bewerben bei einem Unternehmen lohnt.[43] Strukturen, Hierarchien und Vorgaben, deren Sinn der Generation Y nicht klar ist, stoßen auf Unverständnis selbiger. Spaß an der Arbeit, herausfordernde Aufgaben, Identifikation mit Mitarbeitern und Weiterbildungsmöglichkeiten stellen die zentralen Entscheidungskriterien bei der Stellenauswahl dar.[44] Auffallend für diese Generation ist weiterhin, ein sich nach und nach in das Internet verlagerndes Mediennutzungsverhalten. Speziell die technologische Entwicklung wird mit der Generation Y in Verbindung gebracht, wobei es sich dabei vorrangig um den Bereich der Kommunikations- und Informationstechnologie handelt. Diese beeinflusste keine andere Generation so nachhaltig wie die Generation Y, die als erste Generation komplett mit digitalen Medien

---

[39] vgl. ebd. S. 14
[40] vgl. Hesse 2012, S. 245
[41] vgl. ebd.
[42] Vertreter der Generation Y
[43] vgl. Hesse 2012, S. 246
[44] vgl. Arnold 2012, S. 20

aufwuchs. Sie wurde weitgehend bereits als Jugendliche an den Gebrauch von digitalen Technologien herangeführt und besitzt deshalb Kompetenzen, diese Medien bedienen zu können. Nach der Jahrtausendwende konnte man weitere Fortschritte in der Technik verzeichnen. Internetfähige Endgeräte wie Tablet-PCs und Notebooks sowie Handys etablierten sich immer mehr auf dem Markt und werden von immer mehr Menschen, nicht nur von der internetaffinen Generation Y, selbstverständlich genutzt.[45]

2.4.2 Die Generation Z

In wenigen Jahren wird die Nachfolgegeneration, die Generation Z, in großer Zahl ins Berufsleben drängen und die Unternehmen erneut fordern. Momentan befindet sich diese Generation, ab 1995 geboren, noch im Studium oder macht die ersten Schritte auf den Arbeitsmarkt. Prof. Christian Scholz von der Universität des Saarlandes forscht seit Jahren über diese Generation und stellte fest, dass die Denkrichtung und die Merkmale der Z-ler anders sind als die der Generation Y. Scholz zufolge herrscht ein ganz neues Selbstverständnis in Bezug auf die Arbeit, Vermischungen von Beruf und Privatleben findet, anders als bei den Digital Natives, kaum noch Anklang.[46] Während sich die Generation Y häufig Arbeit mit nach Hause nahm und das Laptop als unerlässlich empfand, plädieren Z-ler für geregelte Arbeitszeiten und klare Strukturen im Job. Smartphone und Internet sind für die Generation Z, die in der mobilen Internetwelt entstanden ist, ganz alltägliche Gebrauchsgegenstände. Für sie gilt nicht mehr „mobile-first" sondern viel mehr „mobile-only" und die Welt wird mit dem Smartphone, welches stets griffbereit ist, wie selbstverständlich online gelebt.[47]

2.4.3 Zwischenfazit: Gemeinsame Schnittmengen von Arbeitnehmer- und Arbeitgeberinteressen

Was die Arbeitgeber angeht, zu denen mittlerweile ja auch Angehörige der jüngeren Generationen gehören, lassen sich seit längerer Zeit Öffnungen für die Einsicht dokumentieren, dass Betriebsziele, Organisations- und Ablaufstrukturen nicht nur vereinbar mit den geschilderten neuen Ansprüchen - Flexibilität von Arbeits- und Zeitgestaltung und Mitbestimmung dabei, Familienfreundlichkeit, Balance von Arbeit und Freizeit-

---

[45] vgl. Dahlmanns 2014, S. 16-26
[46] vgl. Bedürftig 2016, o.S.
[47] vgl. ebd.

sind, sondern dass sie wegen besserer Personalbindung und Leistungsmotivation sogar Vorteile haben können.[48] Entsprechende betriebliche Strategien und deren Umsetzung -lange Zeit war insofern der Otto-Versand in Hamburg ein Vorreiter- sind bereits vielfältig beobachtet und aufgearbeitet worden.[49]

Es scheint sogar so zu sein, dass es in jüngerer Zeit als Wettbewerbsvorteil gilt -sowohl bei der Produkt- wie bei der Personalwerbung wie auch im öffentlichen Ansehen-, insofern sich präsentieren zu können und bekannt zu werden. Unter anderem wird das am wachsenden Interesse deutlich, sich als zertifizierter "familienfreundlicher Betrieb" darzustellen. Eine jüngst abgeschlossene Master-Arbeit informiert im Einzelnen darüber[50] und stellt zwei solcher Betriebe näher dar, darunter den pme-Familienservice, der im weiteren Verlauf meiner Arbeit ebenfalls näher betrachtet wird.

Was die gesamte Breite der Betriebe angeht, kann wegen vieler Einsichten und auch wegen einiger veränderter gesetzlicher und tariflicher Vorgaben, sicherlich von Verbesserungen in dieser Hinsicht gesprochen werden. Von allgemein vorhandener Flexibilität oder Familienfreundlichkeit wird man allerdings bisher nicht unbedingt sprechen können. Beim Blick auf die Sozialwirtschaft sieht es keineswegs besser aus, es scheint vielmehr so, dass diese Betriebe und Einrichtungen, sollte es eine objektive Tabelle geben, eher im unteren Mittelfeld rangieren würden. Ein Hinweis darauf ist in einer interessanten Master-Arbeit zu finden, die sich mit der Flexibilität von Betrieben zur Ermöglichung von Halbtagsbeschäftigungen für Führungskräfte befasste[51] und die lediglich im Bereich der Wirtschaftsbetriebe insofern Beispielhaftes fand.

Es leuchtet ein, dass Arbeitgeber, die bei den Arbeitsbedingungen, Entwicklungschancen und beim Betriebsklima vorbildlich sind, als beliebte Arbeitgeber bei Jobsuchenden und Arbeitnehmern gelten.

Darüber hinaus spricht viel dafür, dass solche Arbeitgeber auch als Unternehmer wegen ihrer Produkte und Dienstleistungen, ihres guten Rufs und ihrer Solidität attraktiv und deswegen auch beliebt bei den Kunden sind.

Rankings, die die Beliebtheit von Arbeitgebern bei Arbeitnehmern und Arbeitssuchenden darstellen, sind somit zugleich in gewisser Weise Rankings von erfolgreichen Unternehmen.

---

[48] vgl. Beile/ Jahnz 2007, o.S.
[49] vgl. ebd.
[50] vgl. Keller 2016, o. S.
[51] vgl. Stein 2007, o. S.

Es gibt eine Reihe solcher Bewertungen. Das trendence Graduate Barometer 2016 zeigt die von 37.000 befragten Studierenden und Absolventen der Wirtschaftswissenschaften ermittelten beliebtesten Arbeitgeber, bei denen vor allem Bekanntheit und Attraktivität als wichtig angesehen wurde; unter den ersten fünf befinden sich vier Automobilhersteller sowie Google.[52]

Ein anderes Ranking von Focus und kununu aus dem Jahr 2016, das auf repräsentativen Erhebungen bei Arbeitnehmern sowie Befragungen von Nutzern von XING und kununu beruht, erstreckt sich über die gesamte Breite der Wirtschaft. Wichtig waren dabei besonders Führungsverhalten, betriebliche Perspektiven, Einkommen und Image des Arbeitgebers. Das Ranking ist nach Branchen geordnet; im Bereich Gesundheit und Soziales steht der pme-familienservice an erster Stelle.[53] Insgesamt gesehen, stehen dm, Audi und die Technikerkrankenkasse vorn.[54]

Ein Ranking des Personaldienstleisters zeag.Zentrum für Arbeitgeberattraktivität, das zusammen mit der Managementakademie St. Gallen ermittelt wird, hat nach qualitativen Kriterien vor allem unter kleinen und mittleren Dienstlern die hundert besten ermittelt. Indikatoren für die Auszeichnung sind: Führung und Vision; Motivation und Dynamik; Kultur und Kommunikation; Familienorientierung und Demografie; Internes Unternehmertum.[55]

In diesem Zusammenhang ist eine vom Statistikportal Statista veröffentlichte Erhebung wichtig, die die studentischen Kriterien für die Beliebtheit und also auch die Auswahl ihrer künftigen Arbeitgeber prozentual gewichtet:

---

[52] vgl. trendence Institut GmbH o.J.
[53] vgl. kununu GmbH 2016
[54] vgl. ebd.
[55] vgl. zeag GmbH 2016

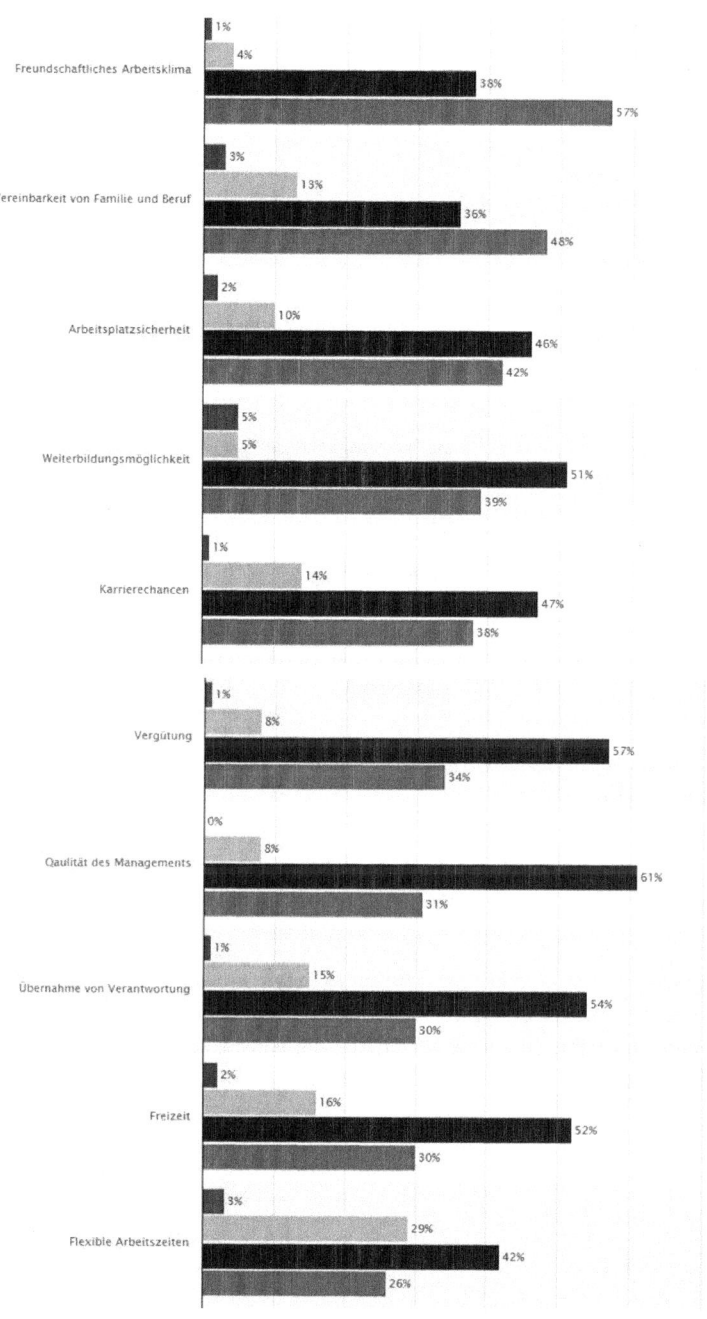

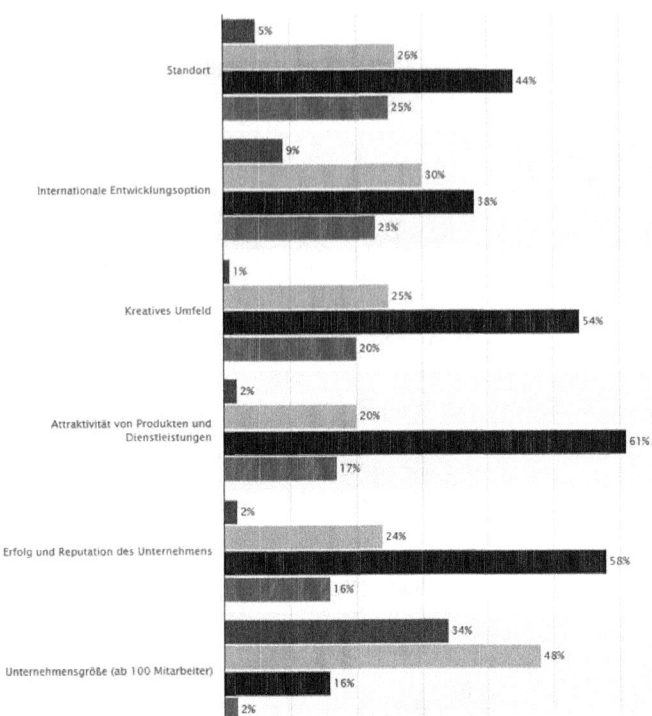

Abb. 0 Wie wichtig sind die Kriterien bei der Wahl Ihres zukünftigen Arbeitgebers?
Quelle: Statista GmbH 1

Dabei wird klar, dass für 57% der befragten Studenten ein freundliches Arbeitsklima sehr wichtig ist.[56] Auf Platz zwei mit 48% ist die Vereinbarkeit von Beruf und Familie und auf Platz drei mit 42% die Arbeitsplatzsicherheit von hoher Bedeutung.[57]

Die Sozialwirtschaft als eine der personalintensivsten und zugleich der quantitativ und qualitativ bedeutsamsten Branchen in Deutschland wird bisher in Studien, Erhebungen und Rankings in Bezug auf die Arbeitgeberattraktivität kaum thematisiert. Es sollte in ihrem Eigeninteresse sein, hier tätig zu werden - auch, um ihre Attraktivität für Jobsuchende zu erhöhen.

---

[56] vgl. Statista GmbH 1 o.J.
[57] vgl. ebd.

3. Gewinnung von Fachkräften: Der Prozess der Personalbeschaffung

In diesem Kapitel wird die Systematik der Personalbeschaffung- deren konkrete Ausgestaltung in der betrieblichen Praxis wird den Inhalt des vierten Kapitels bilden- in den Zusammenhang des gesamten Personalmanagements gestellt. Der Überblick soll auch zeigen, dass es sinnvoll ist, die Suche nach Fachkräften auf der Grundlage einer präzisen Klärung der jeweiligen Arbeitsaufgaben und der dazu notwendigen Kompetenzen und Qualifikationen anzugehen.

Die Personalbedarfsplanung sowie -deckung als erstes Instrument des Personalmanagements ist durch vier aufeinander folgende Phasen charakterisiert.

> *„Den Ausgangspunkt bildet die Personalbedarfsplanung, d.h. die Ermittlung des erforderlichen Personal-Sollbestands. Ergibt dessen Vergleich mit dem prognostizierten Istbestand einen quantitativen Netto-Personalbedarf, schließt sich daran die Personalbeschaffung an."*[58]

Maßnahmen der Personalentwicklung werden v.a. dann erforderlich, wenn sich ein qualitativer Personalbedarf, d.h. wenn sich Differenzen zwischen den Anforderungs- und Eignungsprofilen der Mitarbeiter zeigen.[59] Eine Personalfreisetzung wird dann notwendig, wenn es zu einer quantitativen Überdeckung kommt. Im folgenden Kapitel wird ausschließlich auf die Phase der Personalbeschaffung näher eingegangen. Personalbeschaffung beinhaltet die bedarfsgerechte Gewinnung von Mitarbeitern. Zunehmend wird auch der Begriff Personalgewinnung verwendet.

Die Frage danach, wie man geeignetes, gut qualifiziertes Personal für den eigenen Betrieb gewinnen kann, stellt sich wohl jedes Unternehmen in regelmäßigen Abständen. Doch bevor man auf die Suche geht, gilt es zu klären, wann, für wie lange und warum man neues Personal benötigt.[60] Welche Erfahrungen, welche Kenntnisse und Fähigkeiten sollten die neuen Mitarbeiter einbringen?

---

[58] Holtbrügge 2015, S. 101
[59] vgl. ebd.
[60] vgl. Bartscher/Stöckl/Träger 2012, S. 224

Ist eine Neueinstellung überhaupt notwendig oder kann der (vorrübergehende) Mehrbedarf möglicherweise auch durch Urlaubsverschiebungen oder Überstunden abgedeckt werden?

Gründliche Vorüberlegungen bei der Einstellung neuer Fachkräfte sind unabdingbar, denn schlecht geplante, voreilige Entscheidungen angesichts der Einstellungen können Betriebe finanziell erheblich belasten und kleinere Unternehmen sogar bis in den Ruin treiben. Bei der Planung muss dabei berücksichtigt werden, in welchem Zusammenhang gegenwärtige oder geplante Ziele und Strategien stehen, welche zukünftigen marktlichen Entwicklungen es geben wird, inwiefern Ressourcen wie z.B. Arbeitsplätze oder Lohnzahlungen für das neue Personal zur Verfügung stehen und wie hoch das Budget zur Beschaffung ist.[61] Neben einer schlechten Planung, kann aber auch die Entscheidung für den „falschen" Kandidaten nennenswerte Kosten, Zeit sowie Unannehmlichkeiten für das Unternehmen nach sich ziehen. Eine zielgerichtete Beschaffung von Personal ist deshalb nicht nur aus finanzieller Sicht hinsichtlich der Begrenzung des Risikos von Fehl- und Mehrinvestitionen ratsam. Betriebe, die eine optimale Planung und die richtige Personalauswahl betreiben, steigern somit die Leistungsressourcen und sind auch weitaus erfolgreicher.[62]

3.1 Aufgaben und Prinzipien der Personalbeschaffung

Die Personalbeschaffung spielt, ausgehend von den Besonderheiten der Sozialwirtschaft und im Hinblick auf den gewünschten Erfolg der entsprechenden Unternehmen eine bedeutende Rolle.[63] Der Netto-Personalbedarf in qualitativer, quantitativer, räumlicher und zeitlicher Hinsicht und unter Berücksichtigung der Arbeitsmarktsituation, der durch die Personalbedarfsplanung ermittelt wurde, bildet den Ausgangspunkt der Personalbeschaffung.[64] Das heißt, zum einen ist der Personalbestand mit den Qualifikationsmerkmalen erfasst und zum anderen steht fest, für welche Position und mit welchen Aufgaben neue Mitarbeiter gesucht werden. Der Prozess der Personalbeschaffung gliedert sich dabei in drei Aufgaben: Personalwerbung, Personalauswahl und Personaleinstellung.[65] Rolf Bühner fügt dem Personalbeschaffungsprozess einen weiteren Punkt hinzu: die Auswahl der Wege und Methoden.[66] Es erscheint sinnvoll, die

---

[61] vgl. ebd.
[62] vgl. ebd.
[63] vgl. Böttcher/Merchel 2010, S. 163f., Wöhe/Döring 2013, S. 121
[64] vgl. Berthel/ Becker 2010, S. 283, Wöhrle 2013, S. 125
[65] vgl. Holtbrügge 2015, S.101
[66] vgl. Bühner 2005, S.69

Vielfalt der zur Verfügung stehenden Methoden und Wege zur Kenntnis zu nehmen und dahingehend zu überprüfen, welche die Chancen auf eine erfolgreiche Personalgewinnung erhöhen.

Die Personalbeschaffung, die man auch als Personalgewinnung, Recruitment, Recruiting, Rekrutierung, Mitarbeiter-oder Personalakquisition bezeichnet, hat zum Ziel, Vakanzen zeitlich unbefristet oder zumindest für einige Zeit neu zu besetzen.[67] Sowohl die Personalbeschaffung als auch der Personaleinsatz, als Aktivitäten eines Unternehmens, dienen dazu, dass geeignetes Personal in der notwendigen Anzahl mit der gewünschten Kompetenz und den erforderlichen Qualifikationen zum notwendigen Zeitpunkt am jeweiligen Einsatzort verfügbar ist.[68]

In der betrieblichen Praxis hat es sich als sinnvoll erwiesen, dass sich der stetig zu überprüfende Suchprozess an den bewährten Prinzipien orientiert. Zum einen muss sich die Personalbeschaffung gemäß des **Arbeitsmarktprinzips** am Arbeitsmarkt orientieren- d.h. nicht nur eine gute und rechtzeitige Planung ist von Nöten, sondern auch die Erwartungen und Gewohnheiten der Bewerber bestimmen die Auswahl der Personalbeschaffungswege. Neue Mitarbeiter sollten nach dem **Flexibilitäts- und Personalbindungsprinzip** möglichst vielseitig sein, sich aber darüber hinaus dauerhaft an den Betrieb binden wollen.[69] Zum anderen will man dem **Personalpassungsprinzip** zufolge leistungswillige und –fähige Arbeitnehmer gewinnen, die den Anforderungen dauerhaft standhalten können.

In praktischer Hinsicht ist zu beobachten und ggf. bei einer entsprechenden Betriebsgröße auch zu beachten, dass angesichts der komplizierten Rechtsmaterie- das fängt schon bei oft strittigen Definitionen von Diskriminierung sowie darunter einzuordnenden tatsächlichen Verhaltensweisen an- und stetig neuen Gerichtsentscheidungen in diesen Fällen im Zweifel eine anwaltschaftliche Begleitung dieser Vorgänge stattfindet.

---

[67] vgl. Bröckermann 2016, S. 29
[68] vgl. ebd.
[69] vgl. ebd.

3.2 Personalwerbung und Marketing

Der Personalbeschaffungsprozess – als zweiter Schritt im Personalmanagement- ist eine sehr umfangreiche Phase, die sich abermals in weitere Bereiche und Phasen untergliedert. Die erste Phase dabei stellt die Personalwerbung bzw. das Personalmarketing dar und hat zum Ziel:

> *„potentielle Bewerber über die Unternehmung und die zu besetzende Stelle zu informieren (Informationsfunktion) und eine ausreichende Zahl von Personen zu einer Bewerbung zu veranlassen (Aktionsfunktion), die über die erforderliche Qualifikation und Motivation zur Ausübung der zu besetzenden Stelle verfügen (Selektionsfunktion)."* [70]

Besonders für Unternehmen mit einem geringen oder gar keinem Bekanntheitsgrad bzw. einem schlechten Arbeitgeberimage ist die Informations- und Aktionsfunktion von großer Bedeutung.[71] Hier gilt es, Arbeitsuchenden Elemente, die nicht oder zumindest schwer beobachtbar sind, wie z.B. die Unternehmenskultur, Aufstiegsmöglichkeiten, den Abwechslungsreichtum sowie die Flexibilität des Arbeitsinhaltes zu vermitteln (Signaling).[72] Für Unternehmen, die über ein positives Arbeitgeberimage verfügen, ist die Selektionsfunktion dagegen deshalb relevant, damit der Aufwand der Bewerberauswahl in der Personalwerbungs-Phase bereits reduziert werden kann.[73]

Die Personalwerbung bildet den Übergang von der Planung zur konkreten Personaleinstellung. Hierbei gilt es besonders zu beachten, welche Wege zur Personalwerbung gewählt werden, sodass einerseits Vakanzen bekannt gegeben werden und anderseits dies auf eine Art und Weise geschieht, dass sich die gewünschten Kandidaten angesprochen fühlen sowie sich interessierende Personen auf die Stelle bewerben. Deshalb gilt es vorher zu überlegen, wer genau angesprochen werden sollte und welche Kanäle man nutzen könnte, um eine möglichst zeitnahe Besetzung der Stelle herbeizuführen.[74] Die genauere Betrachtung der Personalbeschaffungswege erfolgt im vierten Kapitel und behandelt sowohl die klassischen als auch modernen Recruiting Tools, weshalb in diesem Abschnitt darauf verzichtet wurde.

---

[70] Holtbrügge 2016, S. 109
[71] vgl. ebd.
[72] vgl. Schmidtke 2002, o.S.
[73] vgl. Holtbrügge 2016, S. 109
[74] vgl. wirtschafts-abc o.J.

Die Suche nach den gewünschten Kandidaten kann mit Hilfe interner und externer Personalbeschaffungsmethoden stattfinden.[75]

Auf die interne Beschaffung gehe ich im weiteren Verlauf und bei der Konkretisierung der Suche nicht mehr ein. Das Thema ist nicht unbedeutend, gehört aber nicht zum Kernbereich meiner Masterarbeit. Den Kern meiner Arbeit bildet die externe Personalbeschaffung.

Die externe Beschaffung von Personal erfolgt vom außerhalb des Betriebes liegenden Arbeitsmarkt bzw. auf perspektivisch geeignete, aber noch nicht dem Arbeitsmarkt zur Verfügung stehende Kandidaten. Die externen Personalbeschaffungswege bieten dabei den Vorteil, dass neue Mitarbeiter neue Ideen und Erfahrungen, aus denen sich Innovationen und Kreativität entwickeln lassen, in den Betrieb bringen. Zudem ist die Bewerberzahl in der Regel viel größer. Gerade kleine oder mittelständische Unternehmen stehen aufgrund der geringen Mitarbeiterzahlen keine umfangreichen Auswahlmöglichkeiten zur Verfügung. Personalentwicklungs- bzw. Weiterbildungskosten können recht gering gehalten werden, da man die gegenwärtigen Mitarbeiter nicht durch Fortbildungen für Aufstiegspositionen qualifizieren muss.[76] Holtbrügge nennt als weiteren Vorteil die *„Förderung des Wettbewerbs durch Verhinderung von Beförderungsautomatismus"*.[77] Als vorteilhaft wäre hierbei anzusehen, dass sich das Konfliktpotential, welches durch Beförderungen einzelner Kollegen ergeben könnte, aufhebt. Externe Vorgesetzte oder Mitarbeiter erfahren in der Regel eine höhere Akzeptanz in der Belegschaft.[78] Als nachteilig werden die hohen Personalbeschaffungskosten angesehen. Aber auch die längeren Einarbeitungszeiten oder auch die anfänglich mangelnde Betriebskenntnis der neuen Mitarbeiter sprechen gegen die externen Personalbeschaffungswege. Die Fluktuationsraten bei externen Neueinstellungen sind nachweislich deutlich höher als bei der internen Stellenbesetzung[79], jedoch sollte nicht vernachlässigt werden, dass auch aufgrund von Frustrationen über fehlende Perspektiven gegenwärtiger Mitarbeiter ebenfalls Abwanderungen zustande kommen können.

---

[75] vgl. Maelicke 2009, S. 759, Schellberg 2008, S. 151
[76] vgl. Becker 2009, S. 443, Oechsler 2011, S. 215, Holtbrügge 2016, S. 109
[77] Holtbrügge 2016, S.109
[78] vgl. ebd., S. 227
[79] vgl. Bartscher/Stöckl/Träger 2012, S. 227

3.3 Personalauswahl

Die Personalauswahl wird auch als Personalselektion oder Eignungsdiagnostik bezeichnet. Mit ihr wird die nächste Phase der Personalbeschaffung eingeleitet. Ziel ist es, mit Hilfe geeigneter Verfahren, denjenigen Mitarbeiter zu finden, dessen Eignung mit den Anforderungsmerkmalen der Vakanz die höchste Übereinstimmung findet.[80] Aufgrund aller verfügbaren Informationen, die sich u.a. aus den Bewerbungsanschreiben, den Lebensläufen, den Ausbildungs- und Arbeitszeugnissen, Fragebögen, den Referenzen, den Arbeitsproben, den Fotos, den Vorstellungsgesprächen, verschiedenen Testverfahren wie Leistungs-, Intelligenz- und Persönlichkeitstests, situativen Verfahren, graphologischen Gutachten, ärztlichen Eignungsuntersuchungen und mit Hilfe von Assessment-Centern gewinnen lassen, kann eine Prognose über die zukünftige Arbeitsleistung eines Bewerbers stattfinden.[81] Background-Checks, als eine erweiterte Hintergrundrecherche im Web 2.0 sind ebenfalls nicht unüblich, müssen aber gesetzestreu erfolgen.

Weiterhin soll das gewählte Verfahren, v.a. unter ökonomischen Aspekten, eine geringe Komplexität aufweisen. Es sollte einfach in der Handhabung sein und einen geringen Kosten- und Zeitaufwand verursachen.[82]

Der möglichst objektive und objektivierbare Prozess sollte gut gegen subjektive Einflüsse – wie u.a. Vorurteile oder auch spontane Sympathien wegen gleicher Hobbies der Entscheider in Bezug auf die Bewerber- abgesichert sein. Ein solches Reglement, das im Einzelnen aus Erfahrungen heraus justiert werden muss, bietet erfahrungsgemäß die besten Chancen auf bestmögliche Ergebnisse.

Häufig finden im Prozess mehrere Vorauswahlen statt und somit gibt es mehrere Runden der Personalauswahl, um die Entscheidungen nach dem Ausschlussprinzip zu vereinfachen. Dabei gilt es, die Bewerber weiterhin über Arbeitsbedingungen und -anforderungen in Kenntnis zu setzen, so dass diese für sich eine begründete Entscheidung für oder gegen die Vakanz treffen können.[83]

Es wäre durchaus sinnvoll, dass ein komplexes Unternehmen, anhand der Verbleibdauer und der Zufriedenheit mit eingestellten Fachkräften von Zeit zu Zeit evaluieren

---

[80] vgl. Holtbrügge 2016, S. 119
[81] vgl. ebd., S.71-110
[82] vgl. ebd., S. 120
[83] vgl. Jung 2010, S.914, Oechsler 2011, S. 221

sollte, ob und inwieweit der Such- und Auswahlprozess zu diesem guten Ergebnis bei-
getragen hat, bzw. wenn es anders ist und man es auf den Suchprozess zurückführen
kann, was daran zukünftig geändert werden sollte.

3.4 Personaleinstellung

Nachdem man alle angeforderten Kriterien abgeschätzt bzw. gewichtet hat, erfolgt die
Personalauswahlentscheidung. In der Regel sind an der Entscheidung Personalverantwortliche, der zukünftige Vorgesetzte sowie der Betriebsrat beteiligt.[84]

Die Integration der neuen Mitarbeiter ist deshalb so wichtig, weil viele in den ersten
Wochen nach Vertragsabschluss wieder kündigen. Die Frühfluktuation kann demnach
zwischen 30 und 60 Prozent innerhalb des ersten Jahres nach Einstellung liegen.[85]
Gründe dafür sind Über- oder Unterforderungen, Rollenunklarheiten, Enttäuschungen
sowie fehlendes Feedback der Vorgesetzten.[86]

Was aber geschieht, wenn das Werben keinen rechten Erfolg verzeichnet und die Bewerbungen ausbleiben? Zum einen kann das sicherlich an den Ausschreibungen
selbst liegen. Stellenbeschreibungen sollten einladend, aber auch ehrlich und ausführ-
lich beschreiben, wer für welche vakante Position gesucht wird. Menschen mit genau
der konkreten Eignung und Passung sollten sich angesprochen fühlen. Andererseits
könnte ein Ausbleiben an Bewerbungen auch daran liegen, dass die falschen Kanäle
gewählt wurden. Falsche Erwartungen des Personalmanagements könnten ebenso
eine Fehlerquelle für ausbleibende Bewerbungen sein: Es könnte durchaus sein, dass
die Arbeitsmarktsituation den ausgeschriebenen Idealkandidaten derzeit nirgendwo
bereithält bzw. dass er zu dem Einkommen, was man bereit zu zahlen ist, nicht zu
haben ist. Es wäre aber durchaus denkbar, seine Ausschreibung über die Stadt-und
Ländergrenzen hinauszustellen und dadurch ggf. Fachkräfte zu gewinnen, denen man
beim Wohnortwechsel finanzielle Unterstützung sowie soziale Integration anbietet.
Manchmal ist es auch notwendig und durchaus sinnvoll, motivierte Menschen, die nicht
den Qualifikationsanforderungen entsprechen, einzustellen um sie dann innerhalb des
Betriebes dahingehend fort-und weiterzubilden, um schlussendlich das gewünschte
Qualifikationsniveau zu erreichen. Letztendlich könnte sogar noch über weitere Ziel-
gruppen nachgedacht werden, die man vorher vielleicht nicht in Erwägung zog:
Frauen, die nach längerer Zeit der Kindererziehung wieder arbeiten wollen oder rüstige

---

[84] vgl. Bröckermann 2016, S.110
[85] vgl. Weller 2007
[86] vgl. Holtbrügge 2016, S. 134

Rentner, die dazuverdienen möchten. Gerade für die letzten beiden Zielgruppen wäre die Umwandlung einer Vollzeitstelle in Teilzeitstellen ein denkbar günstiges Modell. Gerade die Sozialwirtschaft könnte aber auch einen Blick auf seine ehrenamtlich Tätigen richten, denn auch hier lassen sich einstellbare Fachkräfte finden.

Weiterhin könnten für Stellenbesetzungen Flüchtlinge interessant sein. Wer hier Kontakte sucht und pflegt, wird motivierte junge Menschen finden, die z.T. sogar ohne weitere Förderungen arbeitsfähig bzw. ausbildungsfähig sind, da sie in ihren Heimatländern bereits qualifiziert wurden. So hat die Deutsche Bahn etwa in Bonn einen Syrer als Auszubildenden eingestellt, der mittlerweile in der Auskunftserteilung des Hauptbahnhofs tätig ist.

Der Diakonie-Pflege Verbund nimmt beispielsweise seine im Leitbild verankerte gesellschaftliche Verantwortung wahr und bietet angesichts der steigenden Zahl von geflüchteten Menschen in Berlin, eben diesen Menschen die Möglichkeit der beruflichen und sozialen Integration an.[87] In Zusammenarbeit mit dem Diakonischen Werk Berlin Stadtmitte e.V. und dem Diakonischen Bildungszentrum in Lobetal wurde speziell für Flüchtlinge ein dreiteiliger Pflegebasiskurs konzipiert.[88] Zu Beginn werden die Neuankömmlinge mit Hilfe eines Deutschkurses auf das Sprachniveau „Gemeinsamen Europäischen Referenzrahmens für Sprachen" (B1) gehoben. Ein 200-Stündiger Pflegehelferkurs folgt, wie er auch im Rahmen von Weiterbildung und Qualifizierung für Pflegekräfte im ambulanten sowie im stationären Bereich angewandt wird.[89] In den Diakonie-Stationen des Diakonie-Pflege Verbundes werden anschließend Praktika durchgeführt, die nicht nur der Anwendung des theoretisch Erlernten bzw. des Einübens dienen sollen, sondern gleichermaßen zur sozialen Integration der Flüchtlinge beitragen. Nach Abschluss des Kurses können alle Absolventen in den Diakonie- Stationen bzw. anderen diakonischen Trägern arbeiten.[90]

Außerdem sei noch erwähnt, dass oft der Blick auf eventuell in den Nachbarländern lebende Fachkräfte gerichtet werden sollte, die angeworben werden könnten. Im Gesundheitswesen und in der Pflege wird seit längerem auf ausländische Fachkräfte zurückgegriffen. Inzwischen gibt es eine lebhafte Diskussion über die Chancen und auch über die evtl. negativen Nebenwirkungen in den Heimatländern.[91]

---

[87] vgl. Diakonie-Pflege Verbund Berlin 2015, o.S.
[88] vgl. ebd.
[89] vgl. ebd.
[90] vgl. ebd.
[91] vgl. Stewart/Clark/Clark 2007

In Stuttgart schlagen beispielsweise das Jugendamt und der Internationale Bund (IB) bei der Anwerbung von Fachkräften für Kitas neue Wege ein: Fachkräfte werden direkt im Ausland gesucht.[92]

Deutsch sprechende Fachkräfte, mit deutschem Abitur und einer abgeschlossenen Erzieherausbildung aus Rumänien wurden für die Stuttgarter Kitas im Heimatland von den Stuttgarter Personalverantwortlichen akquiriert. Nach 25 Schulungstagen im Jugendamt erhielten alle rumänischen Arbeitnehmer die Anerkennung als Fachkraft vom Regierungspräsidium.[93]

Gleichermaßen holt der Internationale Bund Pädagogen aus Süditalien und bereitet diese auf die praktische Arbeit in den Stuttgarter Kitas vor. Da die Jugendarbeitslosigkeit in Süditalien recht hoch ist, kann eine Perspektive in Deutschland sehr attraktiv sein. In einem viermonatigen Deutschkurs in Stuttgart werden den zukünftigen Arbeitnehmern auch pädagogische Fachbegriffe vermittelt. Weil die italienische Ausbildung akademisch angelegt ist und damit der deutschen nicht gleich kommt, werden praktische Inhalte der Ausbildung in einem Anerkennungszeitraum von sechs bis acht Monaten nachgeholt. Die Anerkennung als Fachkraft erhalten die italienischen Arbeitnehmer ebenfalls vom Regierungspräsidium.[94]

Abschließend kann angemerkt werden, dass nicht nur die Beschaffer selbst aus den Erfahrungen bei der Personalbeschaffung lernen und dementsprechend die eigenen Wege justieren und verbessern, sondern dass sie in einem lernenden System des ganzen Betriebes in stetiger Kommunikation mit den anderen Betriebsteilen wie der strategischen Planung der Dienstleistungen und Produkte sowie der Ausrichtung der Organisationsentwicklung auch von ihren Erfahrungen aus Anstöße auf eventuell zu verbesserndes Branding der Produkte, der Qualität der Dienstleistungen und der auch außerhalb des Betriebs bekannten weniger zufriedenstellenden Arbeitsbedingungen herrschen.

---

[92] vgl. Jacobs 2013, o.S.
[93] vgl. ebd.
[94] vgl. ebd.

4. Personalrekrutierung und Recruiting Tools

In diesem Kapitel geht es um die konkreten Schritte beim Personalmarketing, seine gegenwärtigen Herausforderungen und Möglichkeiten und um aus der Literatur erfasste Erfahrungen sowie aus dem praktischen Wissen abgeleitete Lösungswege.

Anhand der gesamtgesellschaftlichen Entwicklungen zeigt sich deutlich, dass die Bereiche Personalmarketing und Personalrekrutierung mit zahlreichen Herausforderungen konfrontiert sind. Das neue Mediennutzungsverhalten muss bei der Suche nach geeigneten Fachkräften bedacht und berücksichtigt werden, wenn man die Zielgruppe erreichen möchte, zumal sich die Informations- und Kommunikationstechnologie stetig weiterentwickeln wird. Es kann davon ausgegangen werden, dass viele Menschen, im Zeitalter der mobilen Endgeräte, aktuell in ihrem Alltag jederzeit auf das Internet Zugriff haben. Deshalb ist es für die Personalverantwortlichen von hoher Bedeutung, sich mit den unterschiedlichsten Wegen der Personalbeschaffung zu beschäftigen. Die Entwicklung und Nutzung neuer Suchmethoden und das Bestreiten moderner Wege in der Rekrutierung via Internetkanäle sind wichtige Themen im Personalmarketing geworden- nicht nur, weil die Ansprüche der Bewerber stetig steigen, sondern auch, um eine passgenaue Besetzung offener Stellen zu gewährleisten. Auch die Studie „Recruiting Trends 2015" zählt die Nutzung der Social Media beim Personalmarketing zu den Top-Themen.[95]

Neben klassischen Beschaffungsinstrumenten sollten auch moderne, internetgestützte Rekrutierungsmaßnahmen, beispielsweise die Nutzung der eigenen Unternehmenshomepage, Online-Stellenanzeigen durch Jobbörsen sowie Social Media Berücksichtigung finden. Die Zeit, in der Unternehmen auf geeignete Fachkräfte warten konnten, ist vorbei. Rekrutierung in der heutigen Zeit bedeutet für Personalverantwortliche aktiv, zeitnah, unkompliziert, kostengünstig mit Hilfe einer geeigneten Auswahl an Rekrutierungsinstrumenten nach den besten und passendsten Bewerbern zu suchen und mit ihnen in Kontakt zu treten. Für die Sozialwirtschaft bieten die kurzen, unkomplizierten medialen Wege, die dazu in der Regel noch kostenfrei sind, eine ernstzunehmende Alternative bei der Personalbeschaffung, denn gerade hier besteht ein tendenziell hoher Bedarf an geeignetem und qualifiziertem Personal.[96] Unternehmen, die nun nicht mehr in der exponierten Stellung sind, aus einer Vielzahl qualifizierter Bewerber die besten Kandidaten für sich auswählen zu können, stehen vielmehr

---

[95] vgl. Weitzel u.a. 2015, S. 7
[96] vgl. Bassarak/Noll 2012, S. 7

vor der Schwierigkeit, sich den gewünschten Bewerbern als attraktiver Arbeitgeber mit attraktiven Konditionen zu präsentieren und dabei durch konstante Öffentlichkeitsarbeit eine Arbeitgebermarke („Employer Branding") aufzubauen, um einem möglichen Fachkräftemangel und den damit verbundenen Vakanzen entgegenzuwirken.

4.1 Beschaffungswege

Vermehrt decken Unternehmen, aufgrund des zukünftig wachsenden Fachkräftemangels in Deutschland, den teilweise hohen Fluktuationszahlen durch Wettbewerbsangebote oder Arbeitskräfteverluste durch Einstieg in die Rente, ihren Personalbedarf mithilfe externer Beschaffungswege.

Hierbei kann man zwischen der aktiven und passiven Personalwerbung unterscheiden. Faktoren wie Bedarfsmenge, Dringlichkeit des Personalbedarfs, Höhe des Beschaffungsbudgets, Qualifikation sowie die Situation auf dem Arbeitsbeschaffungsmarkt bestimmen die Auswahl, ob ein aktiver oder passiver Weg eingeschlagen wird. Bei einer passiven- auch „mittelbare Personalwerbung"[97] genannt- hebt das Unternehmen seine Attraktivität und seine Anreize gegenüber der Gesellschaft durch Öffentlichkeitsarbeit hervor, um am Arbeitsmarkt dauerhaft bestehen zu können. Aufbauend auf einem strategischen Personalmarketing zielen Personalmanager darauf ab, ihrer Organisation die Anonymität zu nehmen und sich gleichermaßen bei Fach- und Führungskräften als Wunscharbeitgeber oder „Employer of Choice" zu etablieren und zu präsentieren.[98] Dabei spricht man vom sogenannten „Employer Branding".[99] Der Eingang vieler Initiativ- bzw. Blindbewerbungen im Unternehmen sind charakteristisch für eine gute passive Personalwerbung. Diese Bewerbungen können dann, in einem Bewerberpool archiviert, zu einem späteren Zeitpunkt für notwendige Stellenbesetzungen zuerst herangezogen werden.

Aktive – oder auch „unmittelbare Personalwerbung"[100] bedeutet hingegen, dass Betriebe aktiv und zeitnah bei akutem bzw. großem Personalbedarf, weiterhin auch bei ungewöhnlichen Anforderungen sowie bei angespannter Arbeitsmarktlage, geeignete Kandidaten direkt suchen und ansprechen. Die aktive Personalrekrutierung greift dabei situativ und bedarfsbezogen auf unterschiedliche Medien zurück, um gezielt die vakanten Positionen mit den passenden Bewerbern besetzen zu können.

---

[97] Decker 1992, S. 334
[98] vgl. Heider-Winter 2014, S. 3
[99] vgl. ebd.
[100] Decker 1992, S. 334

Das können zum einen klassische Instrumente, beispielsweise Inserate in Print-medien, Mitarbeiterempfehlungen, Vermittlungsaufträge an die Bundesagentur für Ar-beit, Personalleasing und die Direktansprache von potentiellen Bewerbern über Per-sonalberater, Headhunter sowie Berufsschul-, Hochschul- und Messepräsenz sein.[101] Das Electronic Recruiting, zu dem u.a. Onlinestellenanzeigen in Jobbörsen und Such-maschinen, das Mobile Recruiting sowie das Recruiting über die Social-Media-Kanäle gehören, zählt zu den modernen, internetgestützten Rekrutierungsinstrumenten[102], die sich gegenwärtig immer größerer Beliebtheit in der externen aktiven Personalbe-schaffung erfreuen.

Die Abbildung 1 zeigt die Nutzung der sowohl klassischen als auch modernen Instru-mente: Unternehmenswebsite, Internet- Stellenbörse, Arbeitsagentur, Social Media, Mitarbeiterempfehlung und Printmedien im Jahresvergleich 2012, 2013 und 2014.

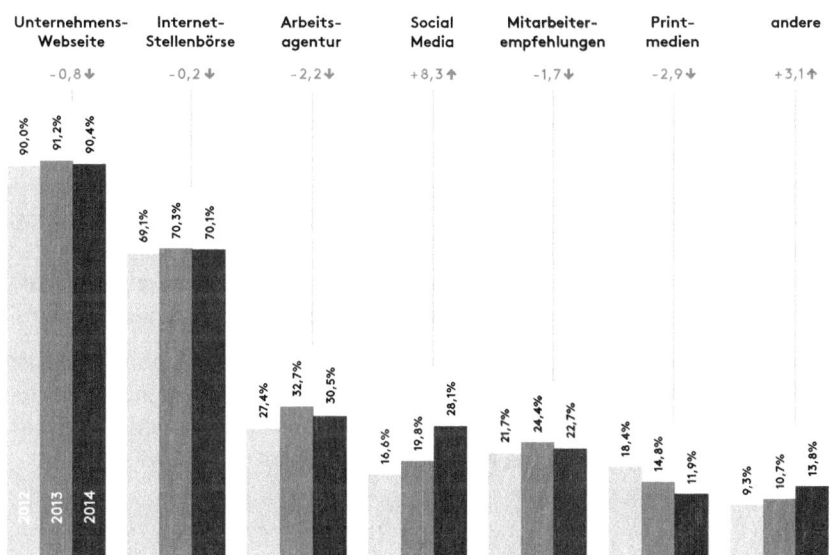

Abb. 1 Anteile der in verschiedenen Recruiting-Kanälen veröffentlichten Vakanzen
Quelle: Weitzel u.a. 2015, S.8

Mit 90,4% veröffentlichten die Top-1000-Unternehmen aus Deutschland hauptsächlich ihre Stellen auf der eigenen Unternehmens- Website. Ca. sieben von zehn vakante Stellen werden in Internet-Stellenbörsen ausgeschrieben. Im Vergleich zum Jahr 2012

---

[101] vgl. Holtbrügge 2015, S. 110-114
[102] vgl. ebd., S. 115-118

konnten die Social-Media-Kanäle in der jüngeren Vergangenheit mit einem Anstieg um 11,5 Prozentpunkte deutlich zulegen.[103]

Welche Instrumente besonders effektiv sind, hängt zum einen von den Arbeitsmarktdaten und zum anderen von den internen Faktoren ab. Folgende Fragen sollte sich das Unternehmen dabei stellen:

➢ Wie sieht die Situation auf dem Arbeitsmarkt und speziell in Bezug auf die vakante Stelle aus?

➢ Welche Anforderungen stellt die zu besetzende Stelle, d.h. werden Fachkräfte mit Expertenwissen benötigt oder können Bewerber ggf. mit Fort-und Weiterbildungen entsprechend qualifiziert werden?

➢ Werden Stellenausschreibungen in Massenmedien für die Öffentlichkeit gewünscht, die dann auch für Wettbewerbs- Unternehmen sichtbar werden oder bevorzugt man eher eine diskrete Art der Expertenrekrutierung?

Es geht nun darum, treffsicher jenes Medium der Personalrekrutierung zu wählen, welches die gewünschte Zielgruppe bzw. potentielle Fachkräfte bestmöglich erreicht und diese zu einer Bewerbung im Unternehmen motiviert. Das Ziel im Fachkräfteengpasspass dabei ist es jedoch nicht immer, eine breite Masse an Bewerbern anzusprechen, sondern v.a. jene Kandidaten zu gewinnen, die das benötigte Qualifikationsprofil besitzen. Demnach kann es keine allgemeingültige Empfehlung zur Wahl des besten Instrumentes der Personalrekrutierung geben- die Auswahl kann sich je nach Unternehmen, ja nach Vakanz, nach Zielgruppe und Qualifikation deutlich unterscheiden.

Nachfolgend werden die wichtigsten klassischen und modernen Recruiting Tools der externen Personalrekrutierung im Einzelnen dargestellt. Die Betrachtung der Instrumente erfolgt mit Blick auf die Vor- und Nachteile, die Erreichbarkeit für die einzelnen Zielgruppen sowie die gegenwärtige Nutzung von Betrieben.

---

[103] vgl. Weitzel u.a. 2015, S.9

4.2 Traditionelle Recruiting Tools der externen Personalbeschaffung

4.2.1 Bundesagentur für Arbeit

Die Bundesagentur für Arbeit (BA) zählt für Unternehmen zu einer wichtigen Recruiting-Anlaufstelle. Sie ist inzwischen technisch auf der Höhe der Zeit, sodass Arbeitgeber sehr gut ihre Dienste in Anspruch nehmen können.[104] Die Umgestaltung des traditionellen Arbeitsamtes zu einer Serviceagentur mit dem Ziel, eine moderne, zielgruppenorientierte Recruiting-Plattform zu entwickeln, hat sich positiv ausgewirkt.[105]Besonders, um arbeitssuchende Menschen zu erreichen, bietet sich die Zusammenarbeit mit der Bundesagentur für Arbeit oder regionalen Initiativen zur aktiven Beschäftigungsförderung an. Aber nicht nur Arbeitsuchende erreicht man über die Bundesagentur. Auch Arbeitnehmer, die grundsätzlich einen Arbeitsplatzwechsel in Erwägung ziehen, nutzen inzwischen die Vorteile der Plattform.[106]

Die BA, mit Hauptzentrale in Nürnberg, und die ihr untergeordneten lokalen Arbeitsagenturen unterstützen Unternehmen bei der Personalrekrutierung indem sie diesen Ausbildungs- und Arbeitsvermittlung sowie Arbeitsmarktberatung anbieten.[107] Dies geschieht auf der gesetzlichen Grundlage des §3 des Dritten Sozialgesetzbuches (SGB III) „Leistungen der Arbeitsförderung".[108] Stellenangebote von Unternehmen und Stellengesuche von Arbeitssuchenden werden systematisch von der BA gesammelt und je nach Passgenauigkeit weitergeleitet.[109] Die Entwicklungen des Electronic Recruiting aufgreifend, veröffentlicht die Bundesagentur weiterhin Stellenangebote über den Arbeitgeber-Service sowie Stellengesuche im Internet.[110] Der Hauptanteil der über die Bundesagentur vermittelten Stellen erfolgt meist auf einem einfachen und mittleren Qualifikationslevel.[111] Fach- und Führungskräfte werden maßgeblich durch bestimmte Fachvermittlungsdienste und Hochqualifizierte über die Zentralstelle für Arbeitsvermittlung (ZAV), mit Hauptsitz in Bonn, vermittelt.[112]

Arbeitgeber können sich bei der Bundesagentur registrieren lassen und erhalten ein eigenes Benutzerkonto, welches durch den Arbeitgeberservice der Bundesanstalt für

---

[104] vgl. El- Saghir 2016
[105] vgl. ebd.
[106] vgl. ebd.
[107] vgl. Holtbrügge 2015, S. 113
[108] vgl. Wasmund 2016
[109] vgl. Holtbrügge 2015, S. 113
[110] vgl. Bundesagentur für Arbeit 2016 b
[111] vgl. Falk 2004, S. 159
[112] vgl. Bundesagentur für Arbeit 2016 c

Arbeit oder mittels eigenständiger Online-Registrierung angelegt wird. Mit dem Benutzerkonto wird Arbeitgebern die Möglichkeit geboten, Stellenanzeigen zu veröffentlichen, ihr Unternehmen zu präsentieren sowie Links zur eigenen Website der Firma zu
integrieren.[113] Offene Stellen kann das Unternehmen, vergleichbar wie mit jeder anderen Stellenausschreibung, adäquat beschreiben, dazu gehören z.B.

> ➢ Informationen zum Unternehmen
> ➢ Aufgaben des zukünftigen Mitarbeiters
> ➢ geforderte Qualifikationen
> ➢ Art der Kontaktaufnahme
> ➢ Arbeitsort(e)
> ➢ Kontaktdaten
> ➢ Beginn der Tätigkeit
> ➢ Arbeitszeit
> ➢ Vergütung und ggf. Zusatzleistungen
> ➢ ggf. Befristung[114]

Die Keyword- Optimierung der Stellenanzeigen ist auch innerhalb der BA-Systeme bedeutsam. Die hinterlegten Stellenangebote werden den Jobsuchenden anhand ihrer
Suchwörter angeboten und dabei mit einem Matching-Resultat (passt zu 100%, teilweise passend,...) versehen.[115]

Über die Jobbörse ist zudem die Direktansprache von geeigneten Kandidaten möglich.
Schon nach der Eröffnung des Benutzerkontos können sich Recruiter einen Überblick
über den vorhandenen Bewerberpool verschaffen. Eine Matching-Information zwischen dem Stellenangebot und dem entsprechenden Bewerber liefert das BA-System
auch bei der sogenannten Profilsuche. Über das integrierte Nachrichtensystem ist die
Kontaktaufnahme zu den interessanten Kandidaten möglich. Für den Erstkontakt zu
Bewerbern mit anonymen Profilen, bietet die BA eine Call-me-Option mit einer kosten-
pflichtigen Servicenummer an.[116]

Die Personalrekrutierungsdienste der Bundesagentur bieten für Unternehmen v.a. aus
finanzieller und personeller Sicht erhebliche Vorteile. Sowohl die Beratung als auch
die Vermittlung der Stellen sind kostenfrei. So können Zusatzkosten bei der Personalsuche verhindert werden und es bedarf keinem zusätzlichen Personal speziell zur

---

[113] vgl. El- Saghir 2106
[114] vgl. Personal.Wissen.de 2014
[115] vgl. El- Saghir 2016
[116] vgl. ebd.

Fachkräftesuche. Dennoch wurden 2014 lediglich 30,5 % der Vakanzen über die BA veröffentlicht, 2,2% weniger als im Vorjahr, wie Abbildung 1 zeigt.

Der persönliche Kontakt zu einem kompetenten und flexibel erreichbaren Ansprechpartner in der BA ist für die suchenden Unternehmen und für eine erfolgreiche Personalrekrutierung von hoher Bedeutung.

4.2.2 Printmedien

Die Stellenanzeige- sie ist der Klassiker und die wohl bekannteste Form der externen Personalbeschaffung. Hierbei erfolgen Stellenangebote über Anzeigenwerbung in Tages- und Wochenzeitungen, in Fachzeitschriften, in Büchern sowie über öffentliche Aushänge in Form von z.B. Plakaten. Die Effizienz der Stellenangebote ist hauptsächlich von der inhaltlichen und formalen Gestaltung, der zielgruppenorientierten Medienauswahl und dem Zeitpunkt abhängig.[117]

Bei der inhaltlichen Gestaltung kommt es darauf an, das Unternehmen sowie die Vakanz möglichst exakt zu beschreiben, damit eine maximale Informations- und Aktionswirkung erzielt werden kann. Dazu gehören z.B. Aussagen über die Branche, die Größe und die wirtschaftliche Lage des Betriebes und weiterhin Angaben zur Aufgabenstellung, zur Qualifikation/ Ausbildung, zu Erfahrungen, zu persönlichen Voraussetzungen, zum Einkommen, zu Entwicklungsmöglichkeiten und zu Verantwortungsbereichen der zu besetzenden Stelle. Die Bewerbungsprozedur mit ihren Fristen und den gewünschten Unterlagen sollte ebenfalls klar und detailliert dargestellt werden.[118]

Die formale Gestaltung bestimmt die Aufmerksamkeitswirkung. Je nach Größe der Stellenanzeigen, nach Schrifttyp und -größe, nach grafischen Gestaltungsmerkmalen oder durch die Verwendung visueller Elemente wird das Interesse potentieller Kandidaten bestimmt.[119]

Unter Berücksichtigung der gewünschten Zielgruppe, sollte die Medienauswahl zielgruppenorientiert erfolgen und die Stellenanzeigen in regionalen sowie überregionalen Tages- und Wochenzeitungen bzw. in Fachzeitschriften für konkrete Berufsgruppen oder Branchen geschaltet werden. Im Stellenmarkt der Frankfurter Allgemeinen Zeitung werden wöchentlich die meisten Stellenanzeigen in Deutschland veröffentlicht.[120]

---

[117] vgl. Holtbrügge 2015, S. 111
[118] vgl. ebd.
[119] vgl. ebd.
[120] vgl. ebd.

Höherqualifizierte und meist auch mobilere Zielgruppen fühlen sich zumeist eher durch überregionale Zeitungen wie die „Süddeutsche Zeitung" oder „DIE ZEIT" angesprochen.[121]

> *„Geht man davon aus, dass erstens für Arbeitskräfte unterer Einkommenshöhe eine geringere Mobilität besteht und dass zweitens der Einzugsbereich einer lokalen oder regionalen Zeitung zur Anwerbung von Führungskräften zu klein ist, so kann folgende Faustregel zur Anzeigenschaltung aufgestellt werden: Je höher die vakante Position hierarchisch einzuordnen ist, desto größer sollte der räumliche Einzugsbereich des Verbreitungsmediums sein."[122]*

Für die Suche nach spezifischen Fachkräften mit speziellen Kenntnissen eignen sich insbesondere Fachzeitschriften. Anzeigen in Hochschulmagazinen hingegen sprechen Studenten sowie Absolventen bestimmter Fachrichtungen an.[123]

Stellenanzeigen in Non-Printmedien bieten eine weitere Alternative für ein breites Werben von externen Fachkräften. Hierbei wären v.a. Rundfunk-, TV- und Kinowerbung sowie die Veröffentlichung im Videotext erwähnenswert.[124]

Der richtige Zeitpunkt bei der Wahl der Anzeigenschaltung ist besonders wichtig. Gerade während der Urlaubszeiten kann man mit deutlich weniger Bewerbungen auf Stellenanzeigen rechnen als im Jahresdurchschnitt.[125]

Die Möglichkeit der zielgruppenspezifischen Gestaltung ist ein klarer Vorteil von Stellenanzeigen. Weiterhin kann man die große Verbreitung und die Erreichbarkeit auch derjenigen, die gerade nicht aktiv auf Jobsuche sind, als durchaus positiv bewerten. Hochqualifizierte in gesicherten Positionen können ebenso erreicht werden, allerdings scheuen sich diese oft davor, vollständige Bewerbungsunterlagen zu versenden, nur um weitere Informationen zu erlangen.[126] Stellenanzeigen in Printmedien haben jedoch den Nachteil der kurzen Publikationszeit. Weiterhin verursachen sie hohe Kosten, insbesondere in Fachzeitschriften und überregionalen Zeitungen. Pro Wörter bzw. Zeilen werden feste Preise gezahlt. Die Höhe des Gesamtbetrages hängt demnach

---

[121] vgl. Van den Bosch 2015, S. 27
[122] Friedrichs 2012, S. 39
[123] vgl. Van den Bosch 2015, S.28
[124] vgl. ebd.
[125] vgl. Holtbrügge 2015, S. 111
[126] vgl. Friedrichs, 2012, S. 38

von der Anzeigengröße ab. Eine halbseitige Anzeige in der Frankfurter Allgemeinen Zeitung am Wochenende kann sich beispielsweise auf 47.330,00€ belaufen.[127]

Für potentielle Kandidaten ist die Suche, gerade im Vergleich zum Electronic Recruiting, relativ aufwendig, da bequeme Suchfunktionen fehlen.[128]

Die stagnierende Nutzung des Rekrutierungskanals „Printmedien" kann man auch 2014 weiter beobachten. Wie Abbildung 1 zeigt, gab es im Vergleich zum Vorjahr erneut einen Rückgang um 2,9 Prozentpunkte.

Mögliche Ursachen für den Bedeutungsverlust könnten zum einen die hohen Kosten sowie die kurzen Publikationszeiten und zum anderen die nicht vorhandene Möglichkeit einer weitergehenden Suche sein.

4.2.3 Mitarbeiterempfehlung

Vor allem kleine und mittelständische Unternehmen greifen bei der externen Personalrekrutierung auf Kontakte und Empfehlungen von eigenen, d.h. im Betrieb Beschäftigten, zurück.[129]. Diese werden angehalten, aktiv im persönlichen sozialen und privaten Umfeld kompetente Kandidaten anzuwerben indem sie über Mundpropaganda positive Informationen über das Unternehmen vermitteln.

„Eine Empfehlung impliziert über die reine Kommunikation hinaus einen einflussnehmenden Handlungshinweis, ebenfalls positiver oder negativer Natur, dem meist eine eigene Erfahrung mit dem jeweiligen Angebot vorausgeht. Der Glaubwürdigkeitsvorteil der persönlichen Empfehlung gegenüber kommerziellen Botschaften bewirkt einen vergleichbar hohen Einfluss auf Meinungsbildung, Präferenzbildung und Kaufentscheidung."[130]

Bewerber aus dem Bekanntenkreis der Mitarbeiter besitzen zumeist vorab detaillierte Informationen über das Unternehmen und können deshalb gut einschätzen, ob die vakante Position ihren Erwartungen entspricht, was wiederum zu einer erfolgreichen Stellenbesetzung führen kann. Weiterhin gestaltet sich die Integration eines solchen Bewerbers im Unternehmen häufig unkompliziert und die Gefahr der Frühfluktuation nimmt deutlich ab. Man kann zudem davon ausgehen, dass das eigene Personal i.d.R.

---

[127] vgl. Frankfurter Allgemeine Zeitung GmbH 2016 a, S. 9
[128] vgl. Jetter 2008, S. 54
[129] vgl. Holtbrügge 2015, S. 111
[130] Wikipedia o. J.

nur jene Kandidaten empfiehlt, welche sie selbst für geeignet hält, um sich und ihrem Ansehen im Unternehmen nicht zu schaden. Auf diesem Weg könnten außerdem Personen erreicht werden, die gegenwärtig bei einem Konkurrenzunternehmen beschäftigt sind.[131]

In vielen Branchen findet die Mitarbeiterempfehlung bzw. das Empfehlungsmarketing als Akquisitionsmethode Verwendung. Bestehende Kontakte- in diesem Fall Mitarbeiter- werden genutzt, um neue Kunden bzw. Arbeitnehmer zu gewinnen.[132] Als „Advocating" oder „Word-of-Mouth-Marketing" bezeichnet und systematisiert kommt dieses Vorgehen aus den Vereinigten Staaten. 2003 brachten Michael Mayer und Harald Lais, Nationaldirektoren des Unternehmernetzwerks Business Network International (BNI) diese Methode in den deutschsprachigen Raum und etablierten sie nach dem amerikanischen Vorbild in Deutschland und Österreich.[133] Kerstin Friedrich, Klaus Fink sowie Dirk Kreuter machten das Thema „Empfehlungsmarketing" in Deutschland weiterhin bekannt.[134]

Seit dem Aufkommen des Web 2.0 verlegte sich das Empfehlungsmarketing immer mehr ins Internet.[135]

Die Nutzung der Netzwerke eigener Mitarbeiter ist für Betriebe eine einfache und kostengünstige Methode der Personalsuche.

---

[131] vgl. Holtbrügge 2015, S.111
[132] vgl. Wikipedia o. J.
[133] vgl. ebd.
[134] vgl. ebd.
[135] vgl. ebd.

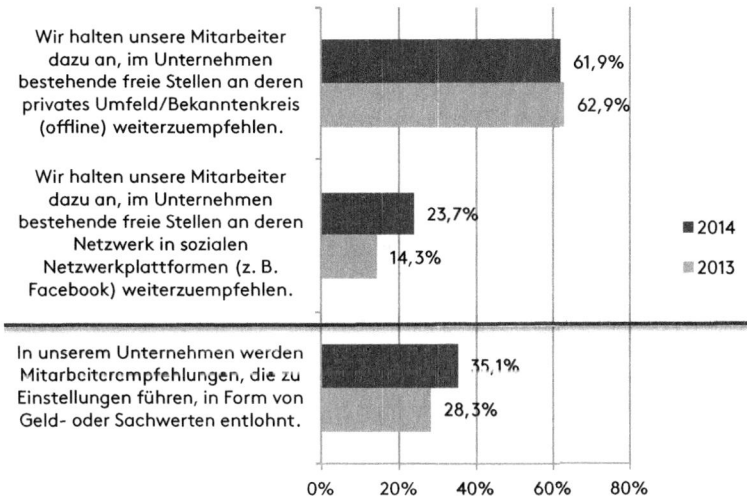

Abb. 2 Die Bedeutung von Mitarbeiterempfehlungen in der Personalbeschaffung
Quelle: Weitzel u.a. 2015, S.47

In Abbildung 2 wird deutlich, dass 61,9%, 1% weniger als im Vorjahr, der größten deutschen Unternehmen ihr Personal dazu anhalten, bestehenden Vakanzen im Unternehmen an ihr privates Umfeld zu weiterzuempfehlen. Aktuell bitten die Unternehmen ihre Mitarbeiter bei 22,7 % aller vakanten Positionen um eine Empfehlung aus dem Freundes- und Bekanntenkreis.[136] Allerdings wurden nur 8% der Einstellungen über Mitarbeiterempfehlungen generiert.

In der Praxis lässt sich mittlerweile beobachten, dass denjenigen Mitarbeiter, die erfolgreich Personal an das eigenen Unternehmen vermitteln, mit attraktiven Prämien belohnt werden.

Die Ansprache bekannter Ehrenamtlicher, ehemaliger Praktikanten und ggf. (Noch)Studenten sollte man ebenfalls nicht außer Acht lassen. Teamsitzung, Konferenzen oder Meetings könnten dazu genutzt werden, gemeinsame Überlegungen darüber zu treffen, ob dem Betrieb bekannte Personen nicht zukünftig dem Unternehmen als feste Mitarbeiter zur Verfügung stehen könnten.

---

[136] vgl. Weitzel u.a. 2015, S.46

4.2.4 Schul-, Berufsschul- und Hochschulmarketing

Die Direktansprache durch Schul-, Berufsschul- und Hochschulmarketing bietet eine weitere Möglichkeit der Personalbeschaffung. In den USA findet die Werbung der Absolventen von Berufsakademien, Fachhochschulen, Universitäten, u.a. seit vielen Jahren eine große Beachtung. Auch in Deutschland nutzen Unternehmen zunehmend diese Form des Recruiting und sprechen potentielle Nachwuchskräfte direkt in speziellen Bildungseinrichtungen an, um diese dann für sich zu gewinnen.[137] Unternehmen können dabei mit Hilfe von in der Hochschule ausgelegten Broschüren oder durch spezielle Angebote in den verschiedenen Fachbereichen die Absolventen entweder direkt erreichen oder die Betriebe stellen indirekten Kontakt zur Zielgruppe her, indem sie unterschiedliche Kooperationen mit den Hochschulen pflegen.[138] Eine konstante Bindung und Kontaktpflege der Unternehmen zu den Schulen bzw. Berufs- und Hochschulen ist für das eigene Marketing von hoher Bedeutung und bietet die Chance, potentielle Fachkräfte bereits während des Studiums bzw. der Ausbildung an sich zu binden. Die Vorteile dabei liegen auf beiden Seiten: Sowohl das Unternehmen kann sich vom potentiellen Nachwuchs einen Eindruck verschaffen, d.h. das Arbeitsverhalten kann bewertet werden, man lernt sich kennen und baut Vertrauen auf, aber auch der Bewerber hat die Gelegenheit, erste Einblicke in die Unternehmenskultur und die Arbeitsbedingungen des möglichen Arbeitgebers zu gewinnen. Um das gegenseitige Kennenlernen zu ermöglichen, gibt es verschiedene Maßnahmen des Schul-, Berufsschul- und Hochschulmarketing wie z.B. Praktikantenplätze, Unterstützung bei Seminar-, Bachelor- und Masterarbeiten, Werkstudierenden-Verträge sowie Stipendien für ein Promotionsstudium.[139]

Der Nachteil dieses Recruiting Tools besteht im relativ hohen personellen als auch finanziellen Aufwand für das Unternehmen- es bietet aber zugleich gegenüber der Konkurrenz innerhalb der Branche einen zeitlichen Vorteil und weniger Streuverluste als z.B. die Ansprache über Stellenanzeigen.[140] Die Möglichkeit der indirekten Zielgruppenansprache ergibt sich v.a. durch die Unternehmensdarstellung in Fachvorträgen von Seminaren bzw. Vorlesungen sowie bei Hochschulveranstaltungen, die Unterstützung bei der Anschaffung technischer Geräte für die Hochschulausstattung, die Mitgliedschaft in Gremien und Netzwerken, dem Mitwirken bei Forschungsprojekten und weiterhin bei der Unternehmenspräsentation an speziellen Rekrutierungs-bzw.

---

[137] vgl. Fuchs/Westerwelle/Buchberger 1999, o.S.
[138] vgl. Bergmann 2013, S. 97
[139] vgl. ebd., S. 98
[140] vgl. ebd.

Absolventenmessen.[141] Auf diesen Messen stellen sich die Unternehmen selbst, ihre Betätigungsfelder, Stellenangebote sowie mögliche Aufstiegschancen etc. vor, treten dabei in den direkten Kontakt und Austausch mit den potentiellen Kandidaten.[142]

Nicht nur hochqualifizierte Experten werden von den Unternehmen gesucht, auch gut ausgebildete Berufsschulabgänger liegen im Interesse der Betriebe. Weiterhin sind Kooperationen mit Sekundarschulen und Gymnasien empfehlenswert. Schon in diesen Zeiten können potentielle zukünftige Fachkräfte mit den Vertretern der Betriebe in Kontakt treten und spezifische Berufs- bzw. Unternehmensinformationen erhalten. Die Kontaktaufnahme geschieht über Besichtigungstermine oder Tag der offenen Tür im Unternehmen, durch Schülerpraktika, Expertenbesuche im Unterricht, Mitgestaltung von Praxisprojekten oder auch „Schnupperlehren".[143] Die Suche nach Auszubildenden und damit die Chance, kompetentes, eigens ausgebildetes Personal an das Unternehmen zu binden, ist in der Rekrutierung vieler Betriebe ein bedeutsames Thema und gleichermaßen eine schwierige Angelegenheit, die einen hohen Zeit-und Kostenfaktor trägt.[144]

4.2.5 Messen

Messen im Sinne von Personalrekrutierung sind zumeist klassische Firmenkontaktmessen, die häufig direkt an Hochschulen stattfinden. Aber auch kommerzielle Anbieter, wie der Absolventenkongress oder die Talents, bieten Firmenkontaktmessen an. Firmenkontaktmessen werden eigens für Arbeitsuchende bzw. Arbeitgeber organisiert. Die Angebote richten sich sowohl an Nachwuchskräfte als auch an Berufserfahrene. Der VDI, die Vocatium oder die bonding Studenteninitiativen sind bekannte Vertreter der Firmenkontaktmessen.[145]

Auch Fachmessen, wie beispielsweise die CeBiT, welche die Brisanz der Personalbeschaffungs-Thematik erkannt haben, offerieren teilweise zusätzliche Karrierebereiche. Sie sind in jeder Branche vertreten und sprechen hauptsächlich die Kundschaft der Aussteller an. Da sich die Unternehmen und ihre Arbeit meist gut präsentieren, eignen sie sich ebenso für Rekrutierungsmaßnahmen.[146]

---

[141] vgl. ebd., S. 98-99
[142] vgl. Berthel/ Becker 2010, S. 308
[143] vgl. Bergmann 2013, S. 102
[144] vgl. Van den Bosch 2015, S.31
[145] vgl. Ullah/Witt 2015, S. 101
[146] vgl. ebd.

Allgemeine Messen, wie die IdeenExpo, widmen sich einem bestimmten Thema der Öffentlichkeit und können gleichermaßen als Recruiting-Plattform dienen.[147]

Unternehmen müssen sich unabhängig vom Messetyp vorher intensive Gedanken zur dort anwesenden Zielgruppe machen. Der typische Messebesucher einer klassischen Hochschulmesse hat noch keinen Abschluss und richtet den Fokus vorerst auf attraktive Praktika. An Festeinstellungen kann man den Erfolg einer solchen Messe also nicht ausmachen. Viel eher geht es darum, auf lange Sicht einen Kandidatenpool anzulegen als darum, kurzfristig Personalbedarfe zu decken.[148] Hochschulmessen werden nach dem Konzept: Vorbereitung-Messe-Nachbereitung aufgebaut.

In der Vorbereitungsphase erfolgen zum einen rein organisatorische Unternehmungen wie Messestände Buchen, Transport des Standes Sichern und GiveAways Ordern, zum anderen aber muss auch der teilnehmende Fachbereich bestimmt werden, der vor Ort authentisch vom eigentlichen Tagesgeschäft berichten kann. Sofern dies möglich ist, sollte man die maximal erlaubte Anzahl an zugelassenem Standpersonal zur Messe mitbringen, denn jede Person bietet eine weitere Kontaktfläche zum potentiellen Bewerber.[149] Vor jeder Messe sollte ein Messetraining erfolgen, um die Erwartung zwischen den Fachbereichen und den Personalverantwortlichen abzustecken. Das eigentliche Messetraining kann telefonisch erfolgen, sollte jedoch halbjährlich um eine Präsenzeinheit ergänzt werden, auf der man den sogenannten Messeschein erwirbt. Dieser berechtigt zur Teilnahme an einer Messe. In Vorbereitung auf die Messe sollte ebenfalls ein schriftliches Handout mit den wichtigsten Messeregeln, wie beispielsweise Kleiderordnung, Liste mit den wichtigsten Vakanzen, kurze Darstellung des Bewerbungsprozesses etc., erstellt werden.[150] Das Handout wird in einer ersten E-Mail, ebenso wie der Ansprechpartner für die Messe, die wichtigsten Informationen zur Messe selbst sowie der Termin für das Telefonbriefing, an die Kollegen versandt. Ca. eine Woche vor der Messe sollte eine weitere Mail mit Informationen zur Anreise verschickt werden.[151] Nach dem Versenden des Handouts erfolgt das Telefonbriefing, in dem nochmals geklärt wird, wozu die Messe dient und was erwartet werden kann. Um

---

[147] vgl. ebd.
[148] vgl. ebd.
[149] vgl. ebd., S. 102
[150] vgl. ebd.
[151] vgl. ebd.

sich von der Konkurrenz abzuheben, empfiehlt es sich, zusätzliche Attraktionen anzu-
bieten. So sollten die Unternehmen auch stets einen Round Table oder Firmenvortrag
etc. buchen.[152]

Der Messe-Veranstaltungstag beginnt stets mit einem motivierenden Briefing, dessen
Inhalte erneut das Handout sowie weitere Informationen zur Location darstellen. Hierbei werden weiterhin die Spielregeln des Tages festgelegt, etwa, ob Bewerbungsunterlagen an diesem Tag angenommen werden oder welchen Personen man die Mes-
sekontaktbögen aushändigt. Der Recruiter ist während der Messe in der Rolle des
Coaches, er übernimmt die Standlogistik, kümmert sich beispielsweise um das Nach-
füllen von Prospekten oder bewahrt die Kontaktbögen auf. [153] Am Stand können sich
Interessenten online über das Stand-iPad, welches zur Messeausstattung gehört, registrieren. Dieses Verfahren stellt eine gute Alternative zum Messekontaktbogen dar
und die Erfolgsmessung sowie ein enormer Zeitaufwand in der Nachbereitung entfal-
len. Zum Abschluss der Messe wird zumeist ein Gruppenfoto gemacht[154]

In der Nachbereitungsphase werden alle Kontakte aufgearbeitet. Kandidaten, die Unterlagen abgegeben oder einen Kontaktbogen ausgefüllt haben, sollten benachrichtigt
werden. An das Standpersonal erfolgt eine Dankes-E-Mail, zusammen mit dem Gruppenfoto, einem Evaluationsbogen und der Bilanz über den Erfolg der Messe. Abschließend wird die Messe in Hinblick auf die gewünschte Zielgruppe, auf Dinge, die verbessert werden könnten und auf den Veranstalter und sein auf die Messe ausgerichtetes
Werben im Vorfeld bewertet.[155]

4.2.6 Headhunting und Personalberater

Bei den bereits beschriebenen Tools der Personalbeschaffung mit Hilfe des Schul-,
Berufsschul- und Hochschulmarketing sowie mittels Printmedien liegt die aktive Rekrutierung allein beim Unternehmen. Jedoch führt nicht jedes Unternehmen die Rekrutierung selbst durch- manche Personalverantwortliche bedienen sich speziell qualifizierten Beschaffungshelfern, die über entsprechende Expertise verfügen. Je nach
Wunsch der Unternehmen übernehmen Personalberater alle Arbeitsschritte von der

---

[152] vgl. ebd., S. 103
[153] vgl. ebd.
[154] vgl. ebd., S. 103-104
[155] vgl. ebd. S. 104

Bedarfsanalyse und weiterhin der Erstellung des Anforderungsprofils bis hin zur Publizierung der Stellenangebote und abschließend der Auswahlempfehlung.[156] Personalberater vermitteln überwiegend mittel- und hochqualifizierte Fachkräfte. Weiterhin werden sie hauptsächlich für die Besetzung von Führungspositionen beauftragt. Bei der Rekrutierung von hochqualifizierten Fachkräften schalten Unternehmen zumeist sogenannte Headhunter ein[157], die speziell jene Kandidaten ansprechen, welche auf der Führungs- bzw. Managerebene tätig sind. Oft haben diese Fachkräfte gegenwärtig keinen Wechselwunsch und begeben sich daher nicht aktiv auf Stellensuche. Diese gezielte Direktansprache zum Abwerben von anderen Konkurrenzunternehmen ist zulässig und kommt häufig vor. Im Umkehrschluss wäre festzuhalten, dass das eigene Unternehmen seine kompetentesten Mitarbeiter vor den Abwerbungen der Konkurrenz bestenfalls schützen sollte.[158] Aufgrund der hohen Honorarkosten werden Headunter zumeist nur für die Besetzung von Führungspositionen hinzugezogen.

„Die Höhe des Honorars wird üblicherweise an dem Jahreseinkommen des Kandidaten gemessen, der die zu besetzende Position auszuüben hat, und ist deshalb nur für jeden Einzelfall bezifferbar. Von diesem Jahresbruttoeinkommen veranschlagt der Headhunter marktüblich ein Drittel zuzüglich Spesen."[159]

Gerade für kleine und mittlere Unternehmen kann die Beauftragung eines Personalberatungsunternehmens trotz deren oft hohen Prämien zeit- und kostensparend sein, da die Firmen selbst oft nicht über die notwendige fachliche und marktbezogene Expertise verfügen, nicht den nötigen Überblick über die Bewerberlage haben und nicht wissen, wer bei der Konkurrenz gerade wechselbereit ist. Personalberatungen können mit Erfahrung, Datenbänken und Netzwerken gute Dienste leisten. Allerdings entsteht bei diesem Vorgehen auch ein Auswahlproblem, denn die Branche ist nach Aussage einer Sachkennerin *„unüberschaubar: In Deutschland suchen 6500 Headhunter aus 2000 Unternehmen nach Fach- und Führungskräften.*"[160]

Irgendwen auszuwählen ist unbefriedigend, denn für die suchenden und auftraggebenden Firmen

---

[156] vgl. Bergmann 2013, S. 96
[157] vgl. ebd.
[158] vgl. ebd., S. 96
[159] Friedrichs 2012, S. 52
[160] Tödtmann 2016, S. 55

„steht viel auf dem Spiel. Wenn sie den Falschen einschalten, verplempern sie Zeit in Gesprächen mit unpassenden Bewerbern und verlieren schlimmstenfalls noch Geld für die Abfindung einer Fehlbesetzung."[161]

Inzwischen gibt es bereits Experten für die Beratung hinsichtlich Personalberatungen wie Prof. Christel Gade von der Internationalen Hochschule Bad Honnef, die Rankings der besten Personalberater Deutschlands- deren Suchmethode in erster Linie mit Headhunting und in zweiter mit Anzeigen angegeben werden- aus den Meldungen der befragten Unternehmen ermittelt. 2016 standen demnach bei den Generalisten Kienbaum und Spencer Stuart an erster und zweiter Stelle, bei den „Branchen-Champions" ergab sich ein gemischtes Bild.[162]

4.2.7 Personalleasing

Im Rahmen der externen Personalbeschaffung hebt sich das Personalleasing von allen anderen beschriebenen Tools insofern ab, als dass es nicht zu einer tatsächlichen Einstellung des Arbeitnehmers kommt.[163] Personalleasing-Unternehmen- auch Verleiher oder Zeitarbeitsfirmen genannt- überlassen als selbständiges Unternehmen ihre festangestellten Leiharbeitnehmer anderen Unternehmen (Entleiher) gegen eine Leihgebühr. Die überlassenen Leiharbeitnehmer werden dann von den Entleihern zeitlich befristet eingesetzt.[164] Im Rahmen des Beschäftigungsrisikos werden von der Zeitarbeitsfirma auch dann Arbeitsentgelt und Sozialabgaben gezahlt, wenn temporär keine Verleihmöglichkeit für den Arbeitnehmer besteht. Zwischen dem Entleiher und dem Verleiher wird ein Arbeitnehmerüberlassungsvertrag geschlossen. Dadurch wird dem leihenden Unternehmen das juristische Weisungsrecht gegenüber den geliehenen Arbeitnehmern übertragen.[165]

---

[161] ebd.
[162] vgl. ebd., S. 56
[163] vgl. Van den Bosch 2015, S. 33
[164] vgl. Holtbrügge 2015, S. 42-43
[165] vgl. ebd., S. 43

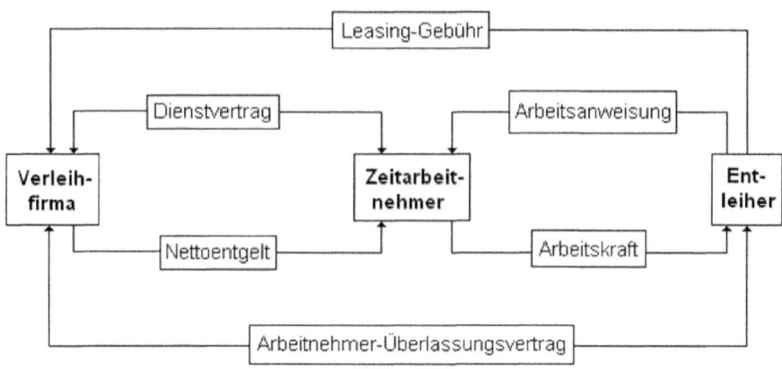

Abb. 3 Wie funktioniert Personal-Leasing?
Quelle: Gymbase

Der größte Vorteil vom Personalleasing liegt in der zumeist zeitlich flexiblen Abfede-
rung schwankenden Personalbedarfs.[166] Da die Beschaffungszeit minimal ist, eignet
sich diese Form der Personalbeschaffung insbesondere zur Überbrückung kurzfristiger personeller Engpässe. Das Kündigungsschutzgesetz (KSchG) aus dem Arbeitsrecht findet keine Berücksichtigung, da der Entleiher keinen Dienstvertrag mit den
Leiharbeitern eingeht. Leiharbeiter können demzufolge flexibel eingestellt und wieder
entlassen werden.[167] Die Leasingmethode ist weiterhin deshalb attraktiv, weil der Be-
schaffungsaufwand deutlich geringere Kosten verursacht als eine eigene Personalwerbung und bei Ausfall des Leiharbeiters schnellstmöglich für Ersatz durch den Verleiher gesorgt werden muss. Wegen nicht vorhandener Betriebsblindheit können Leiharbeiter durch evtl. Verbesserungsvorschläge das Unternehmen positiv beeinflussen.
Während einer Leiharbeitsphase können sich potentielle Mitarbeiter erproben, was
später ggf. zu einer Festeinstellung im Unternehmen führen kann.

Nachteilig und problematisch anzusehen ist jedoch, dass die Leihgebühren, die der
Entleiher an den Verleiher zahlen muss, häufig deutlich höher als die üblichen Perso-
nalkosten eigener Festeinstellungen sind. Daher ist diese Form aufgrund der hohen
Kosten für eine länger andauernde Beschäftigung nicht empfehlenswert.

---

[166] vgl. Gymbase o.J.
[167] vgl. Holtbrügge 2015, S. 44

Weiterhin könnte, wenn Personalleasing zu intensiv genutzt wird, Unruhe im Unternehmen und speziell bei den Mitarbeitern auftreten, bei denen das Gefühl entsteht, dass der Betrieb aus Kostengründen langfristig mittels Personalleasing Arbeitsplätze abbaut.[168] Deshalb sollten die kurz- und langfristigen Ziele beim Personalleasing vom Unternehmen in die Belegschaft kommuniziert werden.

Personalleasing spielt im Rahmen der externen Personalbeschaffung in der Sozialwirtschaft noch keine große Rolle.[169]

In Zeiten des stetig wachsenden Fachkräftemangels könnte diese Methode der flexiblen, schnellen und qualifizierten Personaldeckung jedoch künftig an Bedeutung gewinnen.

Großen Erfolg in Deutschland erzielen die wohl bekanntesten, internationalen Zeitarbeitsfirmen Randstad, Adecco und Manpower.[170] Der weltgrößte Personalvermittler Adecco steigert stetig Umsatz und Gewinn und steht damit den Hauptkonkurrenten Manpower und dem niederländischen Konzern Randstad, der jüngst das US-Stellenportal Monster aufkaufte, in nichts nach.[171] Aufgrund der verhältnismäßig hohen Honorargebühren in Höhe von 25 % des Brutto-Jahreseinkommens der vermittelten Fachkraft, beispielsweise bei Adecco, bieten diese großen Personalvermittler für kleine und mittelständische Unternehmen zumeist keine Alternative.[172]

Das Personalleasing-Unternehmen „Careflex"[173] widmet sich seit zehn Jahren neben der Arbeitnehmerüberlassung an Einrichtungen der Gesundheits-und Sozialwirtschaft, v.a. in Schleswig Holstein und Hamburg, auch bundesweit der Personalvermittlung von Fach- und Führungskräften in Gesundheits- und Sozialberufen.

Abschließend sei festzuhalten, dass Personalleasing eine gute Möglichkeit bietet, kurzfristig, schnell und flexibel Produktionsspitzen abzufangen. Als langfristige Strategie zur Kosteneinsparung beim Personalbedarf wird Personalleasing jedoch nur in den wenigsten Fällen funktionieren.

---

[168] vgl. Meyer 2010, o. S.
[169] vgl. Knorr 2001, S. 111
[170] www.adecco.de / www.randstad.de / www.manpower.de
[171] vgl. Wirtschaftswoche 10.08.2016/ vgl. Wirtschaftswoche 09.08.2016
[172] vgl. Adecco Personaldienstleistungen GmbH o.J. a
[173] www.carflex.de

4.3. Das Internet als Instrument der Personalrekrutierung

Ein Leben ohne Internet ist heutzutage kaum mehr vorstellbar. Nahezu jeder Haushalt hat mittlerweile Zugang zum World Wide Web.

Dabei hat das Internet, was einst für das Militär im Jahr 1957 entwickelt wurde, seinen kommerziellen Durchbruch mit der Entwicklung des World Wide Webs durch Tim Berners-Lee – als speziellen Dienst des Datenaustauschs innerhalb des Internets- erst Anfang der 90er Jahre erlebt.[174] Mit dem Entstehen des World Wide Webs breitete sich das Internet Mitte der 90er Jahre explosionsartig zu dem, was wir gegenwärtig unter der Bezeichnung „Internet" verstehen, aus. Das Web 1.0 stellt hierbei die erste Epoche des Web-Zeitalters dar und wurde vorwiegend zur Wissensbeschaffung und Informationsverbreitung genutzt. Doch in den letzten zehn Jahren hat das Internet eine Bedeutungsverschiebung vom Web 1.0 zum Web 2.0 erfahren. Im September 2005 erlangte der Begriff „Web 2.0" durch seinen Erfinder Tim O´Reilly in seinem Artikel „What is Web 2.0" große Popularität und wurde als festes Schlagwort eingeführt.[175] Der ausschließliche Konsument bzw. Empfänger des Web 1.0 hat im Web 2.0 die Möglichkeit, zum Produzenten eigener Informationen und Inhalte zu werden, die selbständig generiert, bearbeitet und verteilt werden können. Das Internet bietet nun einen Ort, an dem alle in Echtzeit und ortunabhängig miteinander kommunizieren können, was v.a. mit der Entwicklung der LTE-Technologie[176], mit der eine schnellere Datenübertragung möglich gemacht wird, und die Einführung von Flatrates zusammenhängt. Die einfachen internetbasierten Anwendungen ermöglichen es jedem Nutzer, auch ohne IT-Fachwissen, sich interaktiv an der Kommunikation im Internet zu beteiligen.

Wie die Abbildung 4 veranschaulicht, nutzen laut Statistischem Bundesamt, v.a. die für Unternehmen wichtigen Altersgruppen der 16 bis 44-jährigen, fast 100% das Internet.

---

[174] vgl. Cybox o.J.
[175] vgl. O´Reilly 2009
[176] vgl. Gutt 2010

Alter	2015	2014
Insgesamt	84,6	83,2
darunter im Alter von ... bis ... Jahren		
10 -bis 15	98,5	98,0
16 bis 24	99,6	99,3
25 bis 44	98,8	98,6
45 bis 64	90,4	88,8
65 oder älter	48,6	44,9

Abb. 4 Internetnutzung von Personen ab 10 Jahren in Deutschland - in %
Quelle: Statistisches Bundesamt 2015

Die große Vielfalt der verfügbaren Web 2.0- Anwendungen, wie beispielsweise Foren, Blogs oder die sozialen Netzwerke, beweist, wie zügig sich die internetbasierte Kommunikationstechnologie entwickelt hat.

Im Rahmen der externen Personalbeschaffung haben sich demzufolge ebenfalls moderne Tools herausgebildet, die allgemein mit dem Oberbegriff „Electronic-Recruiting"[177] bezeichnet werden. Recruiting im Web 2.0 ist angesichts der hohen Nutzerzahlen bei den Unternehmen, die zunehmend unter Rekrutierungsdruck geraten, hoch angesehen. In den Anfangszeiten des Electronic Recruiting war es noch üblich, dass ausschließlich Offerten für EDV-orientierte Fach-bzw. Führungskräfte angeboten wurden. Mittlerweile gibt es für jede Branche bzw. für jede Berufsgruppe Stellenanzeigen im Internet zu finden.[178] Für die Gewinnung von hochkarätigen Fachkräften ist die Massenmethode Electronic Recruiting, bei allen Vorteilen, nicht empfehlenswert.

Nachfolgend werden unterschiedliche internetbasierte Recruiting Tools vorgestellt.

---

[177] vgl. Holtbrügge 2015, S. 115-118
[178] vgl. Friedrichs 2012, S. 48

4.3.1 Klassische Internetansätze

4.3.1.1 Unternehmenshomepage

Eine Unternehmenshomepage fungiert als zentrales Verbindungsglied zwischen dem Prozess der Personalbeschaffung und dem Employer Branding.[179] Viele Unternehmen veröffentlichen ihre Vakanzen auf der eigenen Unternehmenshomepage. Einige, v.a. größere, Organisationen richten darüber hinaus eine Karrierewebsite ein, die der Bewerber über einen Link auf der Unternehmenswebsite aufrufen kann.[180] Die Strukturen der beiden Websites unterscheiden sich so gering, weshalb im Folgenden keine Unterscheidung zwischen der Unternehmenshomepage und der Karrierewebsite gemacht wird.

Für jobsuchende junge Talente ist die Unternehmenswebsite zumeist die erste Anlaufstelle.

In Abbildung 1 wurde bereits deutlich, dass die meisten Vakanzen über die eigene Unternehmenshomepage veröffentlicht wurden.

Abbildung 5 zeigt weiterhin, dass ebenfalls mit Hilfe der Website die meisten Einstellungen in den Unternehmen generiert werden konnten.

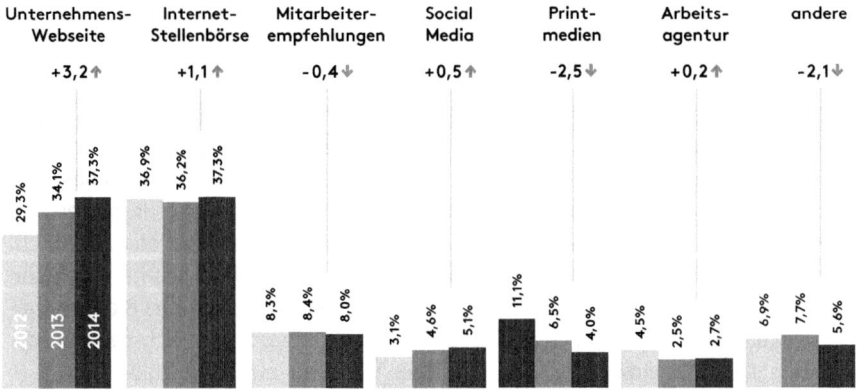

Abb. 5 Anteile der über verschiedene Recruiting-Kanäle generierten Einstellungen
Quelle: Weitzel u.a. 2015, S. 9

---

[179] vgl. Rath/Salmen 2012, S. 193
[180] vgl. Schneider 2012, S. 20

Aktiv Suchende haben i.d.R. klare Vorstellungen vom potentiellen Arbeitgeber und gehen gezielt nur auf deren Unternehmenshomepages. Sie schauen konkret nach Offerten, die ihrem eigenen Werte-Fit entsprechen, um sich zielgerichtet online zu bewerben.[181] Kleine, unbekannte Organisationen sollten ihre Personalwerbung demzufolge nicht nur auf die eigene Website beschränken.

Inhalt

Es gibt kaum noch Unternehmen, die keine Onlinepräsenz betreiben, denn die Vorteile einer Homepage, als spezifische Form des Electronic Recruiting, liegen in einer umfassenden Darstellung der eigenen Corporate Identity.[182] Trotz aller Social-Media-Euphorie ist die Unternehmenshomepage weiterhin *„der zentrale Ort, an dem das Unternehmen seine eigene Visitenkarte abgeben kann."*[183] Der Informationsgehalt und die ansprechende Gestaltung der Homepage wirken sich positiv auf die Rekrutierung, insbesondere für Betriebe mit einem hohen Bekanntheitsgrad und gutem Arbeitgeberimage, aus.[184] Demzufolge gewinnt die Einrichtung der eigenen Website für Unternehmen zunehmend an personalwirtschaftlicher Bedeutung. Schwieriger wird es allerdings für diejenigen, die der Öffentlichkeit bisher noch nicht bekannt sind. Für diese Betriebe, oft sind es neu gegründete Organisationen, ist die Erreichbarkeit der Zielgruppe mittels aktueller Stellenangebote auf der eigenen Homepage häufig problematisch.

Auf der Website werden wichtige Daten und Fakten zum eigenen Unternehmen präsentiert, das können Stellenangebote mit Zusatzinformationen für interessierte Bewerber oder Informationen über die Unternehmenswerte sein.[185] Neben der Unternehmenspräsentation mit allgemeinen Einblicken in die Unternehmensgeschichte, seine Produkte, Dienstleistungen sowie Services, können potenzielle Bewerber angesprochen werden und über Vakanzen bzw. Karrieremöglichkeiten informiert werden.[186] Der Informationsbedarf kann je nach Zielgruppe unterschiedlich sein. Insbesondere die junge Generation benötigt reichliche Informationen, da sie bisher wenig oder keine Berührung mit dem Arbeitsleben hatte. Hierbei empfiehlt es sich, besonders auf die

---

[181] vgl. Rath/Salmen 2012, S. 192
[182] Erscheinungsbild des Unternehmens in der Öffentlichkeit
[183] Hesse 2012, S. 259
[184] vgl. Holtbrügge 2015, S. 115
[185] vgl. Schneider, 2012, S. 21
[186] vgl. Eger/Frickenschmidt 2009, S. 120 ff.

Ausbildungsmöglichkeiten, die Berufsbilder an sich und auf Weiterbildungsmöglichkeiten einzugehen, um so einen Anreiz bei der Zielgruppe zu schaffen.[187] Damit der Bewerber einen Überblick zur Bearbeitung seiner Bewerbungsunterlagen erhält, bietet es sich weiterhin an, dass Unternehmen grundsätzlich den gesamten Bewerbungsprozess transparent darstellen.[188]

Funktion

Die Veröffentlichung von Stellenanzeigen ist das Hauptaugenmerk der Karrierewebsite bzw. auch einiger Unternehmenshomepages.

Kleinere und mittelständische Betriebe listen zumeist ihre offen Stellen auf der Website, was völlig ausreichend erscheint. Großbetriebe stellen oft noch Zusatzfunktionen bereit, sodass der Interessent Suchkriterien eingeben kann, um eine für ihn passende Stelle zu finden.[189] Die Stellenangebote müssten dabei immer auf dem aktuellen Stand sein.[190]

Die jungen Generationen bewerten gerade unkonventionelle Bewerbungsmöglichkeiten, z.B. via Podcast oder Video-Clip als innovativ. Besonders für die Generation Y ist es im Rahmen der Kontaktaufnahme selbstverständlich, Telefonlisten von Ansprechpartnern, E-Mail, Chatfunktionen, Kontaktformulare, kostenfreie Hotlines sowie die Gelegenheit einer Direktbewerbung zu erhalten.[191] Weiterhin ist es ihnen wichtig, einen direkten Ansprechpartner zu haben, zeitnah eine persönliche Rückmeldung zu erhalten, die Firmenanschrift vorzufinden sowie die eigenen Bewerbungsunterlagen abspeichern zu können.[192]

Über die Unternehmenshomepage können Bewerbungen sowohl als E-Mail als auch mittels standardisierter Webformulare eingereicht werden.[193] Insbesondere für Unternehmen mit einem hohen Bekanntheitsgrad bzw. positivem Arbeitgeberimage, die zahlreiche Bewerbungen erhalten, liegen die Vorteile der Formularbewerbungen in den kürzeren Durchlaufzeiten, in den reduzierten Kosten sowie in der erhöhten Datenqualität je Bewerbung. Die Individualität, die E-Mail-Bewerbungen aufweisen, und die

---

[187] vgl. Beck, 2002, S. 172, 176
[188] vgl. Eger/Frickenschmidt 2009, S. 121
[189] vgl. ebd., S. 122
[190] vgl. Beck 2002, S. 174
[191] vgl. ebd., S. 193
[192] vgl. ebd.
[193] vgl. Holtbrügge 2015, S. 115

persönlichen Merkmale von Bewerbern können bei standardisierten Bewerbungen jedoch kaum Berücksichtigung finden.[194] E-Mail-Bewerbungen sind einerseits für den Bewerber kostengünstig und andererseits ist der Aufbau eines schnellen, unverbindlichen Kontakts zum Unternehmen möglich. Für die Unternehmen selbst sind Bewerbungen auf diesem Weg entweder positiv, weil sie eine Vielzahl an Bewerbungen erhalten oder negativ, weil der Zeitaufwand zum Herausfiltern der passenden Bewerber enorm hoch ist.

Von einigen Unternehmen wird den Suchenden die Möglichkeit geboten, sich im Rahmen von „Jobmails" ein persönliches Suchprofil einzurichten. Die potentiellen Kandidaten hinterlegen dabei beispielsweise die gewünschte Position, die eigene Fachrichtung oder auch den Arbeitsort und erhalten die jeweiligen neuen Stellenangebote des Unternehmens per Mail zugeschickt.[195]

4.3.1.2 Internet- Stellenbörsen und Suchmaschinen

Aus einem modernen Recruiting-Portfolio sind Jobbörsen und Jobsuchmaschinen nicht mehr wegzudenken.

Nach der Unternehmenshomepage, sind die Internet- Stellenbörsen der am zweithäufigsten genutzte Kanal des Electronic Recruiting und können als verlängerter Arm der Karrierewebsite angesehen werden. Sowohl bei großen als auch bei kleinen und mittelständischen Unternehmen wuchsen die Nutzerzahlen der Online-Stellenbörsen als Instrument der Personalbeschaffung in den vergangenen Jahren erheblich (siehe Abbildung 6). Wurden im Jahr 2003 bereits 52,4% der zu besetzenden Stellen in Deutschland auf internetbasierten Stellenbörsen veröffentlicht, waren es 2014 schon 70,1%.[196]

---

[194] vgl. ebd., S. 115-116
[195] vgl. Beck, 2002, S. 200
[196] vgl. Weitzel u.a. 2015, S. 44

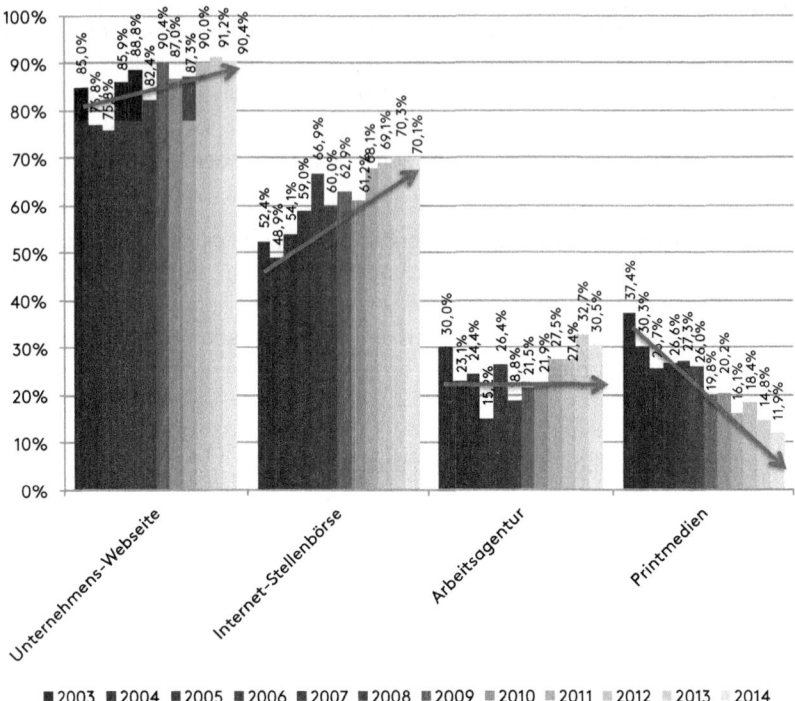

■2003 ■2004 ■2005 ■2006 ■2007 ■2008 ■2009 ■2010 ■2011 ■2012 ■2013 ■2014

Abb. 6 Anteile der in ausgewählten Recruiting-Kanälen veröffentlichten Vakanzen im Zeitverlauf
Quelle: Weitzel u.a. 2015, S.44

Internet-Stellenbörsen sind als elektronische Stellenmärkte zu verstehen, auf denen
Unternehmen ihre Vakanzen bzw. ihren Personalbedarf veröffentlichen. Neben der
Publikation der zu besetzenden Stelle, hat das Unternehmen weiterhin die Möglichkeit,
ein Profil mit zusätzlichen Informationen anzulegen.[197]

Mittlerweile gibt es eine Vielzahl von Jobbörsen im Internet zu finden, einige davon
haben sich auf spezielle Zielgruppen oder Branchen konzentriert.

---

[197] vgl. Birkfeld 2010, S.22

Jobbörse	Stellenangebote	Reichweite (1)	Preis pro Stellenanzeige	Zeitraum	Zufriedenheit der Nutzer (2)
Meinestadt.de	346.105	75 (3)	490 Euro (4)	28 Tage	1,8
Arbeitsagentur	336.890	82	keine Angaben	keine Angaben	2,2
Jobs.de (ehemals Jobscout24)	über 250.000	1.198	ab 395 Euro (5)	30 Tage	1,9
Gigajob.com	173.880	9.077	Standard ist kostenfrei	30 Tage	1,9
Experteer	über 80.000	1.897	keine Angaben	keine Angaben	2,0
Stepstone	49.304	175	ab 725 Euro	30 Tage	1,8
Monster.de	32.487	350	ab 645 Euro	14 Tage	2,0
XING Jobs	8.231	25 (6)	ab 395 Euro (7)	30 Tage	2,0
Kalaydo	7.344	7.602	ab 590 Euro	42 Tage	1,7
Stellenanzeigen.de	5.654	1.179	ab 450 Euro	14 Tage	1,9
Jobware	3.875	2.565	ab 995 Euro	4 Wochen	1,7
FAZjob.net	1.367	5.912	ab 870 Euro	30 Tage	1,8
Job24	566	151.614	ab 330 Euro	8 Wochen	2,0

Abb. 7 Übersicht und Vergleich der bekanntesten Jobbörsen
Quelle: Mattscheck 2013

Die Bundesagentur für Arbeit[198], verschiedene Tages-bzw. Wochenzeitungen wie die „Frankfurter Allgemeine Zeitung"[199] sowie zahlreiche spezialisierte Internetportale wie

---

[198] vgl. Bundesagentur für Arbeit 2016 b
[199] vgl. Frankfurter Allgemeine GmbH

„www.monster.de", „www.meinestadt.de" oder auch „www.stepstone.de" sind beispielsweise Anbieter von Internet-Stellenbörsen.[200] Einige Jobbörsen haben speziell
für die Gruppe der Nachwuchskräfte Lehrstellen- und Praktikantenbörsen initiiert, sodass die gewünschte Zielgruppe möglichst früh angesprochen werden kann.[201] Ende
November 2016 stellte die Paritätische Akademie Berlin ihr eigenes Stellenportal vor.
Die Online-Stellenbörse ParitätJob.de wurde speziell für Sozialberufe entwickelt,
macht auf Arbeitsmöglichkeiten bei Paritätischen Mitgliedern aufmerksam und bündelt
dabei das Angebot vakanter Stellen[202]

Recruiting-Portale wie ABSOLVENTA helfen Hochschulabsolventen, Studenten oder
Young Professionals beim Einstieg ins Berufsleben[203]

> „Neben Stellenanzeigen können Unternehmen hier mit Hilfe der Lebenslauf-
> datenbank gezielt und ressourcensparend nach jungen Fachkräften su-
> chen."[204]

Auf dem Firmenprofil können sich die Unternehmen als attraktiver Arbeitgeber darstellen, indem sie ihre Recruiting-Videos, ihre Firmenauszeichnungen sowie evtl. Erfah-
rungsberichte der Mitarbeiter präsentieren.[205]

Wie Abbildung 7 schon verdeutlicht, unterscheiden sich die einzelnen Jobbörsen neben ihrer Zielgruppenfokussierung auch in ihrer Finanzierung. Den staatlichen, kostenfreien Jobbörsen, wie der Bundesagentur für Arbeit, stehen kommerzielle Jobbörsen wie z.B. *monster.de* gegenüber. Hierbei erhalten Bewerber die Möglichkeit, persönliche Profile anzulegen, in welche nach Personal suchende Unternehmen gegen
eine Gebühr Einsicht nehmen können. So muss das Unternehmen selbst keine Stellenanzeige veröffentlichen, sondern kann die Methode der Lebenslauf-Datenbank-Re-
cherche nutzen.[206] Dazu füllt das Unternehmen ein Selektionsformular aus, durch welches es die Bewerbungsprofile bzw. die Stellengesuche der potentiellen Kandidaten
einsehen kann. Andererseits erhalten Bewerber passende Stellenangebote von der
Jobbörse, die dem eigenen Profil entsprechen.[207]

---

[200] vgl. Holtbrügge 2015, S. 117
[201] vgl. Beck 2002, S. 62 f.
[202] vgl. ParitätJob o.J.
[203] vgl. Absolventa GmbH o.J. a
[204] ebd.
[205] vgl. ebd.
[206] vgl. Schneider 2012, S. 18
[207] vgl. Gutmann, 2002, S. 206 ff.

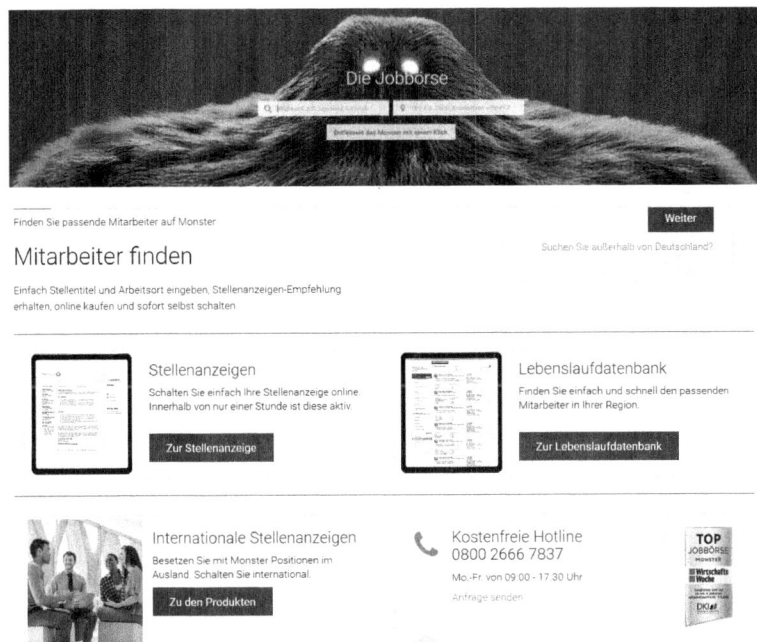

Abb. 8 Kommerzielle Online-Jobbörse monster.de
Quelle: www.monster.de

Ob der Arbeitsuchende diesem Angebot nachgeht, Kontakt zum entsprechenden Unternehmen aufnimmt und sich ggf. bewirbt, entscheidet er im Anschluss selbst.[208] Die aktive Personalsuche von Betrieben wird- ebenso wie das Abgleichen des Bewerberprofils mit den Stellenausschreibungen durch die Online-Jobbörse- als „Matching" betitelt.[209]

Anzeigengestaltung in Internet-Jobbörsen

Für die Publikation der Stellenanzeigen nutzen Unternehmen, je nach Personalbedarf, unterschiedliche und mehrere Jobbörsen. Um sich der Zielgruppe zu präsentieren und vorzustellen, können die Unternehmensverantwortlichen auf den Seiten der Jobbörsen aus verschiedenen Rubriken wie z.B. „aktuelle Messetermine" oder auch „Entwicklung

---

[208] vgl. Cisik 2011, S. 83
[209] vgl. Eggert/ Nitzsche 2001, S. 102

des Unternehmens auswählen. Bei der Auswahl spielt die Zielgruppe mit dem jeweils spezifischen Informationsbedürfnis eine entscheidende Rolle.

Leider ermöglichen nur wenige Jobbörsen es den Unternehmen, die persönliche Seite bzw. Stellenanzeige individuell, mit eigenen Bildern oder Farben, zu gestalten. Die Standardisierung wird zur besseren Übersichtlichkeit und Orientierung zugunsten des Bewerbers bevorzugt.[210]

Neben der eigentlichen Suche nach potentiellen Kandidaten, ist den Unternehmen jedoch das Employer Branding ein ebenso wichtiger Faktor, um so nachhaltig das Interesse der gewünschten Zielgruppe zu wecken.[211] Zu den Zusatzleistungen einiger Online-Jobbörsen gehören teilweise multimediale Inhalte, welche die Unternehmenspräsentation auf den eigenen Seiten unterstützen. So ermöglicht die Internet-Jobbörse Monster den Unternehmen beispielsweise, sich zusätzlich in Form von Videos vorzustellen.[212]

Reichweite

Um die Reichweite der eigenen Plattform und damit ebenfalls die der veröffentlichten Stellenanzeigen zu vergrößern, führen die großen Anbieter der Online Jobbörsen unterschiedlichste Maßnahmen durch.[213] Auf den sogenannten „Zielgruppen-Channels" veröffentlichen Unternehmen ausgewählte Stellenanzeigen, die ein spezielles Bewerbersegment ansprechen.[214]

Weiterhin entstehen häufig Kooperationen mit anderen Online- oder Printmedien. So könnte die Jobbörse ggf. mit Bannern auf zielgruppenspezifischen Webseiten für das Unternehmen werben oder sie bietet dem Unternehmen eine kostengünstige Variante an, bei der die Stellenanzeige auf weiteren Seiten publiziert werden könnte.[215] Zusätzlich gäbe es die Möglichkeit, die eigene Unternehmenshomepage mit den entsprechenden Seiten zu verlinken, sodass den Nutzern weiterführende Informationen zur Verfügung gestellt werden. Kooperationen mit Printmedien gestalten sich derart, dass eine knappe Stellenanzeige in einer Zeitung veröffentlich wird, welche jedoch auf die

---

[210] vgl. Beck 2002, S. 42
[211] vgl. ebd., S. 114
[212] vgl. ebd., S. 67
[213] vgl. Schneider, 2012, S. 19
[214] vgl. ebd.
[215] vgl. ebd.

ausführliche Stellenbeschreibung im Internet verweist. Insbesondere Fachmedien erreichen damit v.a. Führungskräfte, die somit ins Internet geleitet werden.[216]

Die Stellenangebote erreichen die Zielgruppe also nicht ausschließlich über die Unternehmenshomepage oder über ein Printmedium, sondern sie findet die Ausschreibung zusätzlich in einer Internet-Jobbörse, wodurch das Unternehmen eine größere Anzahl von Personen erreicht.[217] Welche Online-Jobbörse für das Unternehmen in Frage kommt, regeln Kriterien wie z.B. der Bekanntheitsgrad, die Benutzerfreundlichkeit oder die Kosten. Oberstes Ziel jeder Online-Jobbörse ist es, dem Bewerber die Chance zu geben, sich umfassend über das Unternehmen und die zu besetzenden Stelle zu informieren. Weiterhin soll ein unkomplizierter Kontakt mit dem Unternehmen ermöglicht werden.[218]

Vor allem die Verbreitung, die Schnelligkeit des Internets, die komfortablen Navigations-und Suchfunktionen, womit suchende Arbeitskräfte schneller für sie interessante Stellen einsehen, sich als Arbeitssuchende ein persönliches Profil erstellen und sich dann von Unternehmen finden lassen sowie die hohe Aktualität sind erwähnenswerte Vorteile von elektronischen Jobbörsen.[219] Das zielgruppenspezifische Vorgehen, die relativ günstigen Kosten- im Vergleich zur Stellenanzeige in einer Tageszeitung- und die zeitliche Flexibilität der Jobbörsen bieten für suchende Unternehmen wichtige Nutzungskriterien. Insbesondere für Betriebe, die schnellstmöglich eine vakante Position besetzen müssen, bietet dieses Instrument den Vorteil, dass Stellenanzeigen zeitnah publiziert werden können.[220] Für Bewerber ist es weiterhin als vorteilhaft zu bewerten, dass sie nicht nach Unternehmen, sondern nach Stellen suchen müssen und dadurch ein sehr viel breiteres Angebot finden.[221]

„Aufgrund der steigenden Anforderungen an die Qualifikation von Arbeitskräften weisen Online-Stellenanzeigen jedoch auch einige Schwierigkeiten auf, da sich einerseits auf Online-Anzeigen nur Kräfte bewerben, die auch wirklich aktiv nach Stellen suchen und sich andererseits, aufgrund fehlender Direktansprache, eine große Masse an Kandidaten bewerben, die nicht oder nur unzureichend über die geforderten und benötigten Qualifikationen verfügen."[222]

---

[216] vgl. ebd.
[217] vgl. ebd.
[218] vgl. Gutmann 2002, S. 216 f.
[219] vgl. Holtbrügge 2015, S. 117
[220] vgl. Van den Bosch 2015, S. 37
[221] vgl. ebd.
[222] Van den Bosch 2015, S. 38

Die Folge dabei können unzählige Eingänge von E-Mail-Bewerbungen und z.T. sogar noch Bewerbungsmappen sein.

4.3.1.3 Mobile Recruiting

Das Prinzip des Mobile Recruiting, einer neuen Form des Electronic Recruiting, ist recht einfach: Die Jobsuche bzw. die Bewerbungen sollen den Sprung vom Desktop-PC auf die mobilen Endgeräte der gewünschten Zielgruppe schaffen.[223] Dadurch wird der gesamte Prozess- angefangen vom Stellenangebot, über wichtige Informationen zum Arbeitgeber, bis hin zum ausgefüllten Bewerbungsformular- einfach und mobil per Tablet oder Smartphone möglich gemacht.[224]

Es ist unumstritten, dass Tablets, Smartphones & CO die Art, wie wir das Internet benutzen, mit hoher Geschwindigkeit verändern.

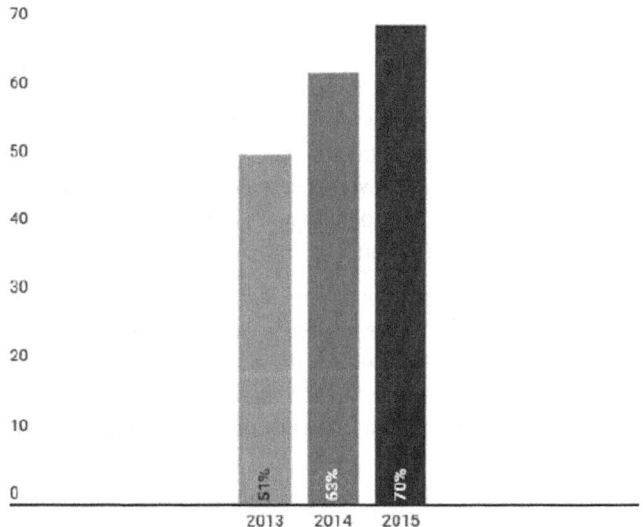

Abb. 9 Anteil der deutschen Bevölkerung, der das mobile Internet nutzt
Quelle: Statistisches Bundesamt www.destatis.de (1&2)

---

[223] vgl. Warkentin 2016
[224] vgl. ebd.

Wie die Abbildung 9 deutlich zeigt, ist der Anteil der deutschen Bevölkerung, der das mobile Internet nutzt, im Jahr 2015, im Vorjahresvergleich um 7 Prozentpunkte, auf 70% gestiegen, wovon 23% der deutschen Bevölkerung täglich mobil surfte.[225]

> „Verantwortlich für die Entwicklung sind zunehmend leistungsfähige Geräte, schnellere und stabilere Internetverbindungen und günstigere Tarife."[226]

Darauf sollten auch Unternehmen bezogen auf ihr Personalmarketing zukünftig reagieren, denn gerade die jüngeren Generationen sind- auch bei der Jobsuche- stark mobil orientiert. Die Generation Y nutzt hierfür die mobilen Endgeräte genauso häufig wie den heimischen Desktop-PC.[227] Unternehmen sollte deshalb bewusst werden, dass die Erreichbarkeit der Zielgruppe enorm gesteigert werden könnte, wenn die Karriereangebote für mobile Geräte optimiert würden.[228]

Die wichtigsten Bausteine im Mobile Recruiting sind die Mobiloptimierung der Karrierewebsite, der Jobbörse sowie des Bewerbungsformulars.[229] Angesichts der Vergleichsstudien der Jahre 2013, 2014, 2015 lässt sich eine positive Entwicklung der moboptimierten Karrierewebseiten feststellen. Im Jahr 2016 konnten 61% der börsennotierten deutschen Unternehmen (DAX-Unternehmen) mit einer Mobiloptimierung der eigenen Website aufwarten, 2015 waren es nur 49%. Im Umkehrschluss bedeutet es aber auch, dass über ein Drittel der Unternehmen, ihren mobilen Jobinteressenten noch nicht entgegen kommen.[230] Besonders ungnädig dabei erscheint die Generation Y, die mit 85% der Bewerber mobil optimierte Unternehmensinformationen als absolutes Must-Haves eines Arbeitgebers angibt.[231] 56% der deutschen DAX-Unternehmen ermöglichen ihren mobilen Bewerbern im Jahr 2016 sich adäquat über aktuelle Stellenangebote in Stellenbörsen zu informieren. Erstaunlich dabei ist, dass viele Unternehmen ihre Mobiloptierung nicht durchgängig für den gesamten Karrierebereich vollziehen. So kommt es nicht selten vor, dass die Bewerber zwar eine mobile Karriereseite vorfinden, dann aber auf eine nicht moboptimierte Jobbörse des gleichen Unternehmens stoßen.[232] Für ein gutes Image des Unternehmens ist dieses Verfahren nicht besonders zuträglich. Online-Bewerbungsformulare, die bereits am stationären

---

[225] vgl. Wollmilchsau GmbH 2015, S.8
[226] Bernauer 2013, S. 297
[227] vgl. Wollmilch GmbH 2015, S.8
[228] vgl. ebd.
[229] vgl. ebd., S. 9-11
[230] vgl. ebd., S. 9
[231] vgl. Warkentin 2016
[232] vgl. Wollmilchsau GmbH 2015, S.10

Computer eine große Herausforderung darstellen, werden in der mobiloptimierten Version bisher nur von 31% der DAX-Unternehmen angeboten, was nicht an der fehlenden Nachfrage der mobilen Bewerber liegt.[233] Laut einer Umfrage gaben bereits 2014 76% der Bewerber an, sich gern mobil bewerben zu wollen, wäre die Akzeptanz der Arbeitgeber bezüglich mobiler Bewerbungen höher.[234] Die Mobile Recruiting Studie von 2014 sieht als weiteren wichtigen Baustein die Optimierung von Apps[235], wobei nur 6% der DAX-Unternehmen eine mobile Karriere- App anbieten.[236]

Allgemein lässt sich festhalten, dass Unternehmen prinzipiell die Potentiale, welche das Mobile Recruiting bietet, sehen. Sie stehen diesem Instrument offen, aufgeschlossen und interessiert gegenüber[237], auch wenn viele Unternehmen ihren Karrierebereich immer noch nicht ausreichend genug mobiloptimiert haben. Hauptsächlich liegt die fehlende Etablierung im Mobile-Recruiting- Bereich darin, dass sich die Unternehmensverantwortlichen bislang nicht hinreichend mit dieser Thematik beschäftigt haben. Daher gibt es auch noch keine systematische Wirkungs-und Erfolgskontrolle.[238]

Potenziale liegen v.a. im Bereich der Apps, die bisher nur selten genutzt werden. Das Wort App steht dabei für eine Vielzahl von verschiedener Software, die sowohl für den Computer als auch für Smartphones entwickelt werden und v.a. durch die rasante Verbreitung von Smartphones einen enormen Bedeutungszuwachs erfahren.[239] Im Rahmen der Personalrekrutierung kann der Nutzer, der zu einem aktiven Konsumenten wird, mittels mobiler Apps angesprochen werden.[240] Unternehmen haben die Möglichkeit, gezielt Apps dazu zu nutzen, das eigenen Unternehmen auf den Smartphones oder Tablet-Pc's der Zielgruppe zu präsentieren. Weiterhin besteht die Chance, Vakanzen zu veröffentlichen.

Für die Imagebildung in der Öffentlichkeit ist diese Methode sehr empfehlenswert. Darüber hinaus kann eine Anpassung des eigenen Personalmarketings, welches für die externe Personalbeschaffung wichtig ist, an das veränderte Nutzungsverhalten der Zielgruppe erfolgen. Der Kostenfaktor für die Entwicklung einer App kann jedoch als stark nachteilig angesehen werden. So können Beträge für die Entwicklung einer ein-

---

[233] vgl. ebd. S.11
[234] vgl. Indeed Deutschland GmbH 2014, S.4
[235] Application software; Anwendungssoftware
[236] vgl. Wollmilchsau GmbH 2014, S. 5
[237] vgl. Weitzel u.a. 2015, S.14
[238] vgl. Meurer 2013, S. 2
[239] vgl. Beck 2012, S. 52
[240] vgl. Van der Bosch 2015, S. 44

fachen App in Höhe von 760,00€ bis hin zu Beträgen von 520.000,00€ für die Erstellung einer komplexen App fällig werden.[241] Ein weiterer Nachteil ist, dass Apps nur von Bewerbern heruntergeladen und genutzt werden, die ganz gezielt an einem speziellen Unternehmen interessiert sind.

Abschließend kann als allgemein vorteilig für das Mobile Recruiting die Schnelligkeit der Kommunikation genannt werden. Insbesondere die junge, mobil jobsuchende Generation wird über dieses Instrument am besten erreicht. Aber auch ältere Jobsuchende, die ihr Smartphone häufig bei sich tragen, erhalten Nachrichten zumeist zeitnah und stellen eine weitere potentielle Zielgruppe für das Mobile Recruiting dar. Im Wettbewerb mit der Konkurrenz können sich Unternehmen mit diesem Instrument positiv abheben und Innovation demonstrieren.[242]

Dass die Darstellung an ein kleines Smartphone- bzw. Tablet-Display angepasst werden muss, kann hier als Nachteil gesehen werden. Weiterhin muss die Datenmenge relativ klein gehalten werden, weil die Datenübertragung mittels Mobilfunk zumeist langsamer funktioniert. Mittelständische Unternehmen scheuen häufig den Arbeitsaufwand- das lässt das Unternehmen demzufolge zögern. Auch wenn die Technik einmal steht, so braucht es jemanden- einen Idealisten-, der hinten den mobilen Anwendungen mit Leib und Seele steht und sich regelmäßig, auch nach Feierabend, um aktuelle Inhalte kümmert. Großunternehmen haben zumeist das nötige Budget, entsprechendes Personal mit den o.g. Aufgaben zu betrauen.[243]

4.3.1.4 Recruitainment

„Der Spieltrieb ist ein angeborenes Sozialverhalten des Menschen, welches ihn in unterschiedlichem Maße sein Leben lang begleitet.“[244]

Dieses menschliche Verhalten kann auch im Rahmen der Personalbeschaffung genutzt werden, um potentielle Kandidaten spielend für das Unternehmen zu interessieren und ggf. an vakante Positionen heranzuführen.

Neben den klassischen Karriereportalen oder Jobbörsen hat sich eine weitere Form der Zielgruppenansprache im Internet herausgebildet- Recruitainment.

---

[241] vgl. APPADVISORS 2011
[242] vgl. Siemann o.J.
[243] vgl. ebd.
[244] Bernauer 2013, S. 299

Der Begriff wurde von Joachim Diercks von der Firma Cyquest geprägt.[245] Er beschreibt eine Kombination aus Recruiting und Entertainment.[246] Vorrangig geht es beim Recruitainment darum, Informationen spielend zu vermitteln. Im Sinne des Employer Brandings macht es Sinn, den Entertainmentanteil während eines Events mit dem Unternehmen und deren Botschaften in Verbindung zu bringen.[247] Dabei sollte die Unterhaltung an einem Event jedoch nicht den Hauptbestandteil der Veranstaltung bilden. Wenn der Entertainmentanteil clever ausgewählt wurde, kann er auch nur wenige Minuten der gesamten Zeit beanspruchen.

> *„Entertainment sollte eher wie ein Gewürz betrachtet werden, welches dem Recruiting ein wenig Leben einhaucht."*[248]

Ein potentieller Bewerber kann so z.b. mit Hilfe von Online-Spielen- teilweise sind das eigens entwickelte Spiele-Apps, Spiele für die Karrierewebsite oder Spiele in den sozialen Netzwerken- spielerisch hilfreiche Informationen über das Unternehmen sammeln sowie mittels integrierter „Self-Assessments" herausfinden, ob das Unternehmen dem eigenen Wert-Fit entspricht. Darüber hinaus kommen die Unternehmen häufig mit den Bewerbern über diese Spiele in Kontakt.[249]

Für Ausbildungsberufe und Duale Studiengänge hat die Commerzbank kürzlich sein Berufsorientierungsspiel „Probier dich aus" mobiloptimiert. In der Rolle eines Auszubildenden bzw. eines dualen Studenten geht es darum, verschiedene Aufgaben zu lösen, wie sie einem im Berufsalltag begegnen könnten. Abschließend erhält der Teilnehmer ein Feedback inkl. erreichter Punktzahl und kann bei Interesse direkten Zugang zur Stellenbörse der Commerzbank erhalten.[250]

Für die Besetzung dringender vakanter Positionen ist Recruitainment nicht zu empfehlen. Allerdings könnten aufgrund der spielerischen Repräsentation des Betriebes als innovativer, attraktiver Arbeitgeber potentielle Fachkräfte für zukünftige Vakanzen gewonnen werden.[251] Führungskräfte, mit ihren zeitlich knappen Ressourcen, lassen sich eher schlecht mit Hilfe des Recruitainments werben. Dieses Instrument dient eher der

---

[245] vgl. Ullah/Witt 2015, S. 105
[246] vgl. ebd.
[247] vgl. ebd.
[248] Ullah/Witt 2015, S. 106
[249] vgl. Bernauer 2013, S.299-301
[250] vgl. Adler 2016, o.S.
[251] vgl. Bernauer 2013, S.301

Gewinnung von Nachwuchskräften. In Deutschland wird Recruitainment eher zurückhaltend von den Unternehmen genutzt, wenngleich die Potenziale für sich sprechen.[252]

4.3.2 Social Media und soziale Netzwerke in der Personalrekrutierung

Unternehmenspräsentationen in sozialen Netzwerken stellen eine weitere Möglichkeit des Electronic Recruiting dar. Allgemein nimmt die Anwendung des Electronic Recruiting immer mehr zu, wenngleich sich durch die Entwicklung vom statischen Web 1.0 zum „Mitmachnetz" Web 2.0 einiges verändert hat. Die Internetnutzer werden selbst zu Produzenten, wirken an den Inhalten mit, agieren beispielsweise auf Videoplattformen oder vernetzen sich untereinander, sodass die Kommunikation immer häufiger im virtuellen, öffentlichen Raum stattfindet.[253] Auch der Bereich der Personalbeschaffung sollte auf die Ausprägungen des Web 2.0 reagieren.

So könnten Unternehmen Informationen der eigenen Unternehmenswebsite mit Elementen, die eine Interaktion beinhalten, ergänzen, was besonders dann als sinnvoll erscheint, wenn es für den potentiellen Bewerber dadurch einen Mehrwert gibt.[254] Social Media in seinen unterschiedlichen Formen könnte für Unternehmen mit einem hohen Personalbedarf eine Alternative bieten, vakante Positionen effizient zu besetzen und bietet sowohl für die Bewerber als auch für Personaler neue Möglichkeiten der Rekrutierung. Weiterhin wird Unternehmen durch die Schnelligkeit und den unkomplizierten Austausch verschiedenster Social- Media-Kanäle enorme Chancen und Potentiale zur Imagebildung, Markenführung und Kommunikation mit der Zielgruppe geboten.

Allgemein bietet die Nutzung von Social-Media im Rahmen der Rekrutierung große Vorteile. Mit Hilfe von Social-Media-Kanälen kann zeitnah und kostengünstig Personal geworben werden, während eine Stellenanzeige in einer Tageszeitung vergleichsweise hohe Kosten verursacht. Weiterhin haben die Unternehmen die Möglichkeit genau dort zu kommunizieren, wo sich die potentiellen Kandidaten aufhalten. Die Wahl des passenden Kanals hängt also stark von der gewünschten Zielgruppe ab.

---

[252] vgl. ebd.
[253] vgl. Schneider 2012, S. 25
[254] vgl. ebd.

Kleinere oder mittelständische Unternehmen haben die Chance, sich einer breiten Masse zu präsentieren und können selbst Personen, die aktuell keinen Wechselwunsch hegen, die Möglichkeit geben, sich über das Unternehmen zu informieren. Daraus könnte ggf. ein Stellenwechsel einiger Interessenten resultieren.[255]

Große Vorteile, die in der Nutzung von Social Media gesehen werden, liegen in der Erweiterung des Bekanntheitsgrades, in der Gewinnung von Kunden und in der Netzwerkarbeit.[256] Hauptsächlich wird Social Media von den Unternehmen für das Employer Branding, hierbei v.a. mit Hilfe von Facebook, und zur Personalbeschaffung, überwiegend durch XING, verwendet.[257] Wie jedoch Abbildung 1 bereits zeigte, wird Social Media als Recruiting Tools deutlich weniger genutzt als beispielsweise die Unternehmenswebsite oder die Online-Stellenbörsen. Höhere zeitliche, personelle und finanzielle Ressourcen, die Social-Media-Aktivitäten erfordern, stellen dafür wesentliche Gründe dar. Denn für den Aufbau und die Pflege der Social-Media-Kanäle bedarf es Mitarbeiter, die für den Gebrauch der entsprechenden Tools qualifiziert sind und weiterhin über zeitliche Kapazitäten verfügen, sodass sie unverzüglich auf Anfragen, Veränderungen oder Probleme reagieren können.[258] Die Angst vor Kontrollverlust, der Schnelllebigkeit, vor Kriminalismus und Datenschutzproblemen sowie falschen Informationen und negativer Reputation[259] könnte einige Unternehmen vor der Nutzung von Social-Media-Kanälen abschrecken und abhalten, sodass diese dann vermehrt auf klassische Instrumente der Personalbeschaffung zurückgreifen.

4.3.2.1   Begriffliche Einordung

Auf den Grundlagen des Web 2.0 baut Social Media auf. Damit hat sich sozusagen ein Begriff manifestiert, der eine Vielzahl digitaler Medien, Technologien und Anwendungen des Web 2.0 beschreibt. User werden auf Netzwerkplattformen zum Austausch medialer Inhalte, zur Kommunikation, zur Vernetzung und zur Partizipation eingeladen. Dabei erfolgt die Nutzung von z.B. Videos, Bilder, Texte oder Tondateien.

„Durch diesen User Generated Content grenzt sich Social Media klar von den traditionellen Massenmedien (Print, Film, Funk und Fernsehen) ab, da aus medialen Monologen sozialmediale Dialoge entstehen. Der User, bisher meist

---

255 vgl. Van den Bosch 2015, S. 41
256 Vgl. Hilker 2012, S. 20
257 Weitzel u.a. 2015, S.12-13
258 vgl. van den Bosch 2015, S. 42
259 vgl. Hilker 2012 S.20

nur Konsument, wird durch die breiten Möglichkeiten und geringen Eintritts-barrieren sozialer Medien selber zum Produzenten und somit förmlich aus sei-ner medialen Unmündigkeit befreit [...].[260]

Social-Media-Anwendungen werden durch spezielle sechs Prinzipien gekennzeich-net[261]:

1. Das Individuum oder die Gruppe steht im Mittelpunkt.[262]
2. Das Individuum integriert sich in die Gruppe und leistet Beiträge zum Aufbau der Community.[263]
3. Personen, Beziehungen, Bewertungen sowie Inhalte werden sichtbar und füh-ren damit zu einer Transparenz.[264]
4. Selbstorganisation; die Community passt die Inhalte an ihre Bedürfnisse an, wodurch sich Verhaltensnormen herausbilden und die Demokratisierung im Web ermöglicht wird.[265]
5. Soziale Rückkopplung durch die Bewertung von Beiträgen[266]
6. Kollektives Wissen

„Der Fokus liegt weniger auf der einzelnen Information, sondern vielmehr auf der Struktur, die aus der Verknüpfung derselben erwächst. Erst, wenn die Bei-träge verbunden und miteinander in Beziehung gesetzt werden, können die Inhalte ihre Stärke ausspielen."[267]

Eine besondere Anwendung der Social Media sind die sozialen Netzwerke, die sich immer größerer Beliebtheit erfreuen. Von sozialen Netzwerken oder Social Networks ist immer dann die Rede, wenn sich Menschen auf einer Plattform miteinander digital vernetzen, wenn sie kommunizieren und im virtuellen Raum interagieren. Menschen mit gleichen Interessen treffen aufeinander, sodass die sich daraus ergebenen Bezie-hungen zum Austausch, zur Diskussion und zum Weiterleiten der zur Verfügung ge-stellten Inhalte anregen. Soziale Netzwerke werden über Netzplattformen genutzt, die

---

[260] Gründerszene o.J. a
[261] vgl. Ebersbach u.a. 2011, S.35
[262] vgl. ebd.
[263] vgl. ebd.
[264] vgl. ebd.
[265] vgl. ebd.
[266] vgl. ebd.
[267] ebd.

zunächst meist eine Anmeldung sowie die Erstellung eines persönlichen Profils der einzelnen User voraussetzen.[268]

Von den Medienforschern Haenlein und Kaplan werden sechs verschiedene Typen von Social Media unterschieden:

1. **Collaborative projects** (Kollektivprojekte) wie z.b. Wikipedia[269]
2. **Blogs**
3. **Content Communitys** (inhaltlich ausgerichtete Gemeinschaften, auch Social Sharing genannt) wie beispielsweise YouTube
4. **Social-Media-Kanäle/Social Network** wie z.b. Facebook bzw. **Business Netzwerke** wie XING[270]
5. **Virtual game worlds** wie das bekannte Online-Spiel "Word of Warcraft"
6. **Virtual social worlds** wie beispielsweise das Online-Spiel „Second Life"[271]

Zusammenfassend kann festgehalten werden, dass Social-Media-Anwendungen dann funktionieren, wenn zwei wesentliche Voraussetzungen gegeben sind: Einerseits muss die Bereitschaft der Nutzer vorhanden sein, Inhalte für das Web selbst zu schaffen (User Generated Content) und andererseits die Bereitschaft, die eigene Anonymität teilweise bzw. vollständig aufzugeben.[272]

4.3.2.2   Ziele und Motive des Einsatzes von Social Media

Aufmerksamkeit

Die Aufmerksamkeit der gewünschten Zielgruppe zu erlangen, sollte Ziel eines Unternehmens im Personalbeschaffungsprozess sein. Dazu müssen aber jene Plattformen bekannt sein, auf denen sich die potenziellen Bewerber aufhalten und es muss beobachtet werden, über welche Themen diese auf den Social-Media-Seiten diskutieren und was sie beschäftigt.[273] Dadurch kann das Unternehmen seine Mitteilungen und Informationen den Bedürfnissen der Zielgruppe anpassen. Dabei können sich Dialoge aufbauen, bei denen die Unternehmen die Möglichkeit haben, auf Anmerkungen und

---

[268] vgl. Gründerszene o.J. b
[269] vgl. Kaplan/Haenlein 2010, S. 62
[270] vgl. ebd.
[271] vgl. ebd.
[272] Vgl. Szugat u.a. 2006, S.14
[273] vgl. Schneider 2012, S. 25

Fragen der Zielgruppe einzugehen. Durch die Interaktion mit der Zielgruppe ergibt sich die Chance, dass diese das Unternehmen zunächst wahrnimmt und sich später ggf. auf eine vakante Position bewirbt.[274]

Dabei folgt die Kommunikationsstrategie einem bestimmten Kreislauf, der auch als

F-A-C-E-Konzept bekannt ist:

F- Follow and Listen

A- Attract

C- Communicate

E- Engage[275][276]

Employer Branding

In Zeiten des Fachkräftemangels könnten Unternehmen ggf. einen Vorteil durch die Präsenz auf Social-Media-Plattformen haben. Die Integration eigener Mitarbeiter, die den Arbeitsalltag authentisch darstellen, empfiehlt sich hierbei als besonders sinnvoll, denn potentielle Bewerber erhalten somit glaubwürdige Eindrücke in das Unternehmen, die sie mittels einer Stellenausschreibung nicht gewinnen könnten. Dadurch ist das Unternehmen nah an der Zielgruppe, stets präsent und kann schnell auf individuelle Fragen der Interessenten eingehen.[277] Gerade kleine Betriebe erhalten somit die Chance, sich ein Image aufzubauen und sich weiterhin der Zielgruppe als attraktiver Arbeitgeber zu präsentieren.[278]

Das Mediennutzungsverhalten der Zielgruppe

Unternehmen müssen herausfinden, auf welchen Plattformen sich die gewünschten Kandidaten aufhalten und dementsprechend die Stellenausschreibungen genau dort publizieren. Laut ARD/ZDF-Onlinestudie 2015 nutzen 73% der 14-29-jährigen deutschen Bevölkerung mindestens selten Onlinecommunitys wie Facebook. Bei den 30-

---

[274] vgl. ebd.
[275] Vgl. Grohe 2011, S. 115 ff.
[276] Oftmals wird im Marketing auch das AIDA-Prinzip, welches sich aus den Anfangsbuchstaben der vier Werbeziele attention- interest- desire- action zusammensetzt, angewendet.
[277] vgl. Schneider 2012, S. 26
[278] vgl. Grohe 2011, S. 131 ff.

49-jährigen sind es immerhin noch 44%.[279] Menschen, die sich aktiv auf Social-Media-Seiten einbringen, signalisieren ein gewisses Maß an Engagement, was beispielsweise gern von Bewerbern in Stellenanzeigern gefordert wird.[280] Um die junge Zielgruppe direkt anzusprechen, könnten die Personaler im Web 2.0 persönlich mitwirken, denn besonders die technikaffine Generation Y ist gut im Internet zu erreichen. Auch das Freizeit- und Medienverhalten der jungen Generation hat sich deutlich verändert. Die junge Generation informiert sich über neueste Nachrichten nicht mehr über die Zeitung, sondern erhält ihre Informationen zu jeder Zeit aus dem Internet. Sie ist es gewohnt, schnellstmöglich an jede Information zu gelangen und diese ggf. zu überprüfen.[281] Auch Bewerber informieren sich über einen potentiellen Arbeitgeber zunehmend auf den Social-Media-Plattformen. So möchten sie beispielsweise zusätzliche Informationen von (ehemaligen) Mitarbeitern über das Unternehmen erhalten. Deshalb ist es für die Unternehmen von hoher Bedeutung, die Kommunikation zu lenken, indem sie die eigene Recruiting-Strategie dem Verhalten der Zielgruppe anpassen und selbst auf den entsprechenden Plattformen präsent sind.[282]

4.3.2.3 Die wichtigsten Social-Media-Kanäle

In Abbildung 10 wird die tatsächliche Nutzung ausgewählter Social-Media-Kanäle durch 1000 deutsche Unternehmen in vier klassischen Anwendungsszenarien veranschaulicht. Weiterhin zeigt die Grafik, wie hoch der Nutzeranteil der einzelnen Kanäle ist.

Dabei wird v.a. klar, dass mehr als ein Viertel aller Unternehmen ihre Vakanzen über das Business Netzwerk XING veröffentlichen. In der Längsschnittanalyse wird für XING eine deutlich gestiegene Nutzungsintensität klar.[283] In der Kategorie Employer Branding ist Facebook der meist genutzte Kanal. 35,1 % der Unternehmen nutzen Facebook zur Imagewerbung, XING nimmt mit 28,3% den zweiten Platz ein. XING ist ebenso der für Active Sourcing der am häufigsten gewählte Kanal. Aber auch für die

---

[279] vgl. Tippelt/Kupferschmitt 2015, S. 2
[280] vgl. Fedossov u.a. 2009, S. 91
[281] vgl. Bernauer u.a 2011, S. 36ff
[282] vgl. Schneider 2012, S. 27
[283] vgl. Weitzel u.a. 2015, S.52

Social-Media-Kanal	Jahr	Nutzung zur Schaltung von Stellenanzeigen	Nutzung für Imagewerbung (Employer Branding)	Nutzung für die aktive Suche nach Kandidaten (Active Sourcing)	Nutzung für die aktive Suche nach Informationen identifizierter Kandidaten	Nutzerzahlen (in der Bevölkerung)
Facebook	2014	5,20%	35,10%	1,00%	7,40%	1,7 Millarden (Juli 2016)
	2013	12,70%	32,40%	4,60%	2,80%	
	2012	4,80%	20,00%	0,80%	0%	
XING	2014	25,30%	28,30%	23,20%	16,00%	>10,5 Millionen in der DACH-Region (Juli 2016)
	2013	19,10%	19,40%	22,20%	13,10%	
	2012	10,20%	12,80%	11,90%	5,60%	
LinkedIn	2014	8,50%	13,60%	13,70%	8,70%	433 Millionen (Juli 2016) > 8 Millionen in der DACH-Region (Juli 2016)
	2013	7,30%	8,40%	6,50%	4,70%	
	2012	2,40%	1,60%	0,80%	0,80%	
Twitter	2014	6,30%	12,20%	k.A	k.A	320 Millionen (Januar 2016) 12 Millionen in Deutschland (März 2016)
	2013	8,20%	13,10%	k.A	k.A	
	2012	4,80%	7,30%	k.A	k.A	
YouTube	2014	k.A	12,00%	k.A	k.A	88% der Deutschen nutzen YouTube aktive oder passiv (Stand: 2015)
	2013	k.A	9,30%	k.A	k.A	
	2012	k.A	4,10%	k.A	k.A	
Spezialistenforen und Blogs	2014	3,90%	7,10%	7,00%	2.0%	k.A
	2013	k.A	k.A	k.A	k.A	k.A
	2012	k.A	k.A	k.A	k.A	k.A

Abb. 10 Tatsächliche Nutzung ausgewählter Social-Media-Kanäle in vier klassischen Anwendungs-szenarien

Quelle: Weitzel u.a. 2015, S.53-54/ Social Media Institute 2016/ Statista GmbH

Suche nach Informationen bereits identifizierter Kandidaten greifen 16% der 1000 Top-Unternehmen aus Deutschland zumeist auf XING zurück.[284]

Aufgrund der hohen Präsenz des Business Netzwerks XING, v.a. in der aktiven Rekrutierung, sowie des Socialen Netzwerks Facebook, vornehmlich zur Imagewerbung und –pflege als passive oder mittelbare Personalwerbung, werden im Folgenden diese beiden Social-Media-Plattformen vorgestellt und Möglichkeiten aufgezeigt, wie sie für die Personalwerbung/Personalbeschaffung einzusetzen sind.

4.3.2.3.1   Facebook

Seinen Ursprung fand Facebook im Jahr 2003, als Mark Zuckerberg, damaliger Student der Harvard-Universität unerlaubterweise tausende Fotos seiner Kommilitonen auf seiner Homepage „Facemash" hochlud. An die Bilder gelangte Zuckerberg, nachdem er sich Zugriff auf die Universitäts-Server verschaffte.[285] Innerhalb kürzester Zeit besuchten 500 Personen „Facemash" und bewerteten dort die Menschen auf den mehr als 20.000 Bildern nach ihrem Attraktivitätsgrad. Wenngleich der Diebstahl sehr zügig aufflog, zeigte dies, welches enorme Potential in Online-Studierendenverzeichnissen steckte.[286]

Anfang 2004 ging der Prototyp, entwickelt von Mark Zuckerberg, Dustin Moskovitz, Chris Hughes und Eduardo Saverin, erstmals unter dem Namen „The Facebook" online.[287] Ursprünglich war Facebook nur für Harvard-Studenten vorgesehen. Nach und nach öffnete sich die Seite allerdings zunächst für alle Studenten der Vereinigten Staaten und anschließend für alle Studierenden von ausländischen Hochschulen. Bereits Ende 2004 fand das Netzwerk, das inzwischen eine Million Mitglieder verzeichnete, erste Investoren.[288] Seither stiegen die Nutzerzahlen rapide an. Ausschlaggebend dafür waren insbesondere die Einführung neuer Anwendungen und Funktionen sowie die Öffnung des Netzwerks für Schüler im Jahr 2005. Seit September 2006 kann Facebook von Jedermann genutzt werden und verzeichnete Ende desselben Jahres bereits 12 Millionen, im Oktober des darauffolgenden Jahres mehr als 50 Millionen Nutzer.[289]

---

[284] vgl. ebd., S. 55
[285] vgl. Alfert 2015, S.45
[286] vgl. ebd.
[287] vgl. Schwindt 2012, S.21
[288] vgl. Alfert 2015, S. 45
[289] vgl. ebd.

Im dritten Quartal 2016 wurden bereits mehr als 1,78 Milliarden monatlich aktive Nutzer gezählt.[290] Aber auch die Facebook-Nutzerzahlen in Deutschland können sich sehen lassen. So werden im ersten Quartal 2015 28 Millionen aktive Nutzer festgemacht.[291]

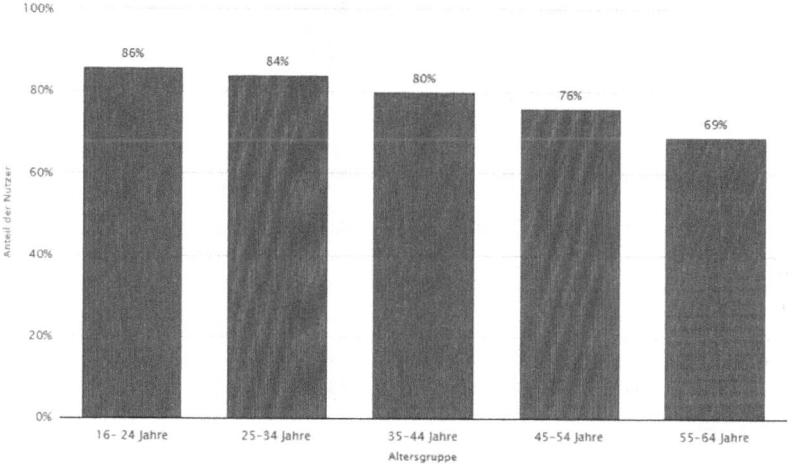

Abb. 11 Anteil der Nutzer von Facebook nach Altersgruppen weltweit im 4. Quartal 2015
Quelle: Statistika GmbH

Die Altersstruktur differiert je nach Statistik außerordentlich. Laut GlobalWebIndex lag der Anteil der Facebook-Nutzer weltweit unter den befragten 25-bis 34-jährigen Internetnutzern bei 84%, bei den 35- bis 44-jährigen sind es immerhin noch 80%, die Facebook nutzen.[292] Die größten Nutzergruppen in Deutschland sind mit 6,36 Millionen zwischen 18 und 24 Jahren sowie mit 6,77 Millionen zwischen 25 und 34 Jahren alt.[293]

Besonders für KMU- gemeint sind hier kleine und mittelständische Unternehmen- dürfte eine Zahl besonders interessant sein: 77% der deutschen Nutzer (ca. 20 Mio)

---

[290] vgl. Statista GmbH 2016
[291] vgl. Social Media Aachen 2015
[292] vgl. Statista GmbH 2015
[293] vgl. Alfert 2015, S. 55

verbinden sich gerne mit den Seiten von kleinen und mittelständischen Unternehmen, um Einblicke ins Tagesgeschäft zu erhalten und auf dem Laufenden zu sein.[294]

Das Besondere an Facebook ist, dass zumeist jede Aktion eines jeweiligen Nutzers für ein breites Publikum sichtbar wird und mittels des „Gefällt-Mir-Buttons durch andere Nutzer bewertet bzw. kommentiert werden kann. Allgemein liegt hierbei der Fokus auf einer schnellen und einfachen Kommunikation.[295] Der Zugriff auf Facebook erfolgt unter Einsatz internetfähiger Handys, Notebooks, Tablets und Computer schnell, global und unkompliziert.[296]

Es stellt für Unternehmen keinen Grund dar, einem Hype blind zu folgen, auch wenn grundsätzlich ein Aufsehen für ein spezielles Thema oder eine bestimmte Plattform besteht. Bei Facebook gibt es durchaus gute Gründe, warum Betriebe auf dieser Plattform aktiv sein sollten:

1. 1,78 Milliarden Nutzer weltweit, 28 Millionen User in Deutschland sind in Facebook registriert. Keine andere Plattform hat in so kurzer Zeit nach Gründung so viele Mitglieder generieren können. Gerade für Unternehmen, die im internationalen Bereich tätig sind, ist Facebook für den Kundenkontakt sehr wichtig. Aber auch für den nationalen Markt bietet Facebook eine hohe Durchdringungsrate. Die Wahrscheinlichkeit, dass die gewünschte Zielgruppe Facebook nutzt, ist relativ hoch.[297]
2. Facebook-Nutzer geben viele Informationen von sich preis. Dementsprechend fällt es Unternehmen leichter, die gewünschte Zielgruppe anzusprechen. Insbesondere für die Verwendung des Facebook-Werbeanzeigen-Tools sind Alter, Geschlecht, Interessen und Hobbys wertvolle Daten für die Erstellung zielgruppengerechter Werbeanzeigen.[298]
3. Die Mehrheit der Facebook-Nutzer ist täglich online und tatsächlich auch aktiv. Facebook ist ein virtueller Raum mit viel Dynamik und Interaktivität. User, die gern viel Zeit auf dieser Plattform verbringen, könnten ihre Aufmerksamkeit auch entsprechenden Unternehmen schenken.[299]

---

[294] vgl. Social Media Aachen 2015
[295] vgl. Lee 2013, S. 15
[296] vgl. Bohn 2014, S. 15
[297] vgl. Grabs/Bannour/Vogl 2016, S.274-275
[298] vgl. ebd.
[299] vgl. ebd.

4. Mehr als 10 Millionen Nutzer klicken täglich den „Gefällt-Mir-Button" spezieller Facebook-Seiten (früher Fanseiten). Facebook-Seiten sind jene Profile, die Betrieben zur Verfügung stehen. Facebook-Nutzer sind an der Kommunikation mit und an den Inhalten von Unternehmen und Marken stark interessiert. Das belegen nicht nur die Facebook-Seiten der großen Marken wie Adidas- auch kleinere Organisationen genießen die Aufmerksamkeit der User. Der Erfolg der Facebook-Seiten ist entweder abhängig vom starken Markenimage oder von der Qualität der Inhalte. Mit einem „Gefällt mir" besteht die Chance, User an sich zu binden, auch die Freunde des Users werden darüber informiert und können entsprechend proaktiv mit Informationen versorgt werden.[300]

5. Facebook optimiert stetig sein Leistungsspektrum, damit so viele Unternehmen wie möglich auf Facebook aktiv und präsent sein können. Hierfür werden Applikationen und Funktionen für Facebook-Seiten entwickelt, die es den Unternehmen erleichtern, mit der gewünschten Zielgruppe in Kontakt zu treten.[301]

Facebook rückt v.a. immer mehr in den Fokus von Bewerbern und Personaler seit Facebook-Applikationen wie Jobvite oder BeKnown[302] verschiedene Human-Resource-Funktionalitäten integrieren.[303]

Sollten sich Unternehmen für den Schritt auf diese Soziale Netzwerkplattform entschieden haben, geht es nun darum, sich bei Facebook zu registrieren.

Unternehmen haben seit 2007 die Möglichkeit, eigene Seiten zu erstellen. Auf Facebook beginnt alles mit einem Personenprofil, welches jedoch nicht als Repräsentanz eines Unternehmens genutzt werden sollte.[304] Für geschäftliche Aktivitäten bietet die Plattform speziell Unternehmensseiten (Facebook-Seiten) an, deren Nutzung für Unternehmen explizit in den Nutzungsrichtlinien festgehalten ist. Aus der Historie heraus hat Facebook einige Profilarten definiert. Da der Erfolg des Facebook-Engagements unmittelbar von der Wahl des richtigen Account beeinflusst wird, werden nachfolgend die Profil-Arten Facebook-Profil, Facebook-Gruppe und Facebook-Seite vorgestellt:[305]

---

[300] vgl. ebd.
[301] vgl. ebd.
[302] Recruiting software/Recruiting App
[303] vgl. Grabs/Bannour/Vogl 2016, S.322
[304] vgl. Holmes 2015, S. 63
[305] vgl. Grabs/Bannour/Vogl 2016, S. 276

Facebook-Profil

Die persönlichen Profile der Nutzer bilden die Basis bei Facebook und sind die Voraussetzung dafür, um auf der Plattform aktiv sein zu können. Aktiv bedeutet dabei, eigene Fotos, Videos sowie Beiträge zu veröffentlichen, Aktivitäten anderer zu sehen und zu kommentieren, bei einer Facebook-Seite den „Gefällt-Mir-Button" zu klicken oder beispielsweise Gruppen beizutreten.[306] Informationen über die eigene Person, beginnend bei Geburtsdatum, dem Wohnort und der Telefonnummer über die Ausbildung und den derzeitigen Arbeitgeber bis hin zu Interessen, Hobbies, Lieblingsmusik etc. können im persönlichen Profil erfasst werden. Facebook ist daran interessiert, dass die User möglichst viel von sich preisgeben, da die personalisierte Werbung, welche immer treffsicherer wird, ein einträgliches Geschäft ist.[307]

Alle Aktivitäten werden seit 2012 in einer Timeline umgekehrt chronologisch dargestellt, oben wird demnach die aktuellste angezeigt. Die Startseite- der sogenannte Newsfeed- ist die Seite jedes Users direkt nach der Anmeldung. Hier wird der Nutzer über Neuigkeiten informiert, die in seinem sozialen Netzwerk passierten bzw. aktuell passieren.[308] Alle Beiträge können kommentiert, geteilt und mit „Gefällt Mir" bewertet werden. Die Sichtbarkeit der Aktivitäten ist über die Privatsphäre-Einstellungen individuell anpassbar.

Die Anmeldung bei Facebook ist kostenfrei. Man benötigt hierfür lediglich eine funktionierende E-Mail-Adresse und später eine Handynummer zur Verifizierung des Facebook-Profils. Möchte man darüber hinaus eine Facebook-Seite anlegen, ist hierfür ebenfalls ein Profil notwendig.[309]

Facebook-Gruppe

Eine weitere Möglichkeit neben der Vernetzung mit Usern in Form von Facebook-Freundschaften, stellt die Gründung bzw. der Beitritt einer Gruppe dar. Facebook-Gruppen sind für User mit gemeinsamen Interessen vorgesehen. Dabei können die Gruppen offen, geschlossen oder auch geheim gestaltet sein. Für Unternehmen könnte dabei interessant sein, was die Zielgruppe bewegt und wonach sie sucht. Grup-

---

[306] vgl. ebd.
[307] vgl. ebd.
[308] vgl. ebd.
[309] vgl. ebd.

pen bieten also eine hervorragende Möglichkeit, mehr über die Bedürfnisse der potenziellen Zielgruppe bzw. der Kunden herauszufinden.[310] Nach Beitritt in den Gruppen, ist aufmerksames Zuhören empfehlenswert, forsches Werben oder Verkaufsintensionen heißen User der Gruppen in den seltenen Fällen für gut.[311]

Auch im Rahmen des Monitoring spielen Gruppen eine wichtige Rolle. Möchte sich ein Unternehmen repräsentieren und ggf. um Fachkräfte werben, so ist es durchaus empfehlenswert, sich in entsprechenden Gruppen bei Facebook aufzuhalten und die aktuellen Diskussionen und geteilten Informationen der User- und damit der potenziellen Kandidaten- zu verfolgen. Somit erfährt man, welche Erwartungen derzeit generell vorhanden sind und was bei anderen Arbeitgebern nicht optimal lief. Auf Grundlage dieser Informationen können Unternehmen auf der eigenen Facebook-Seite häufig geschickt, aber trotzdem authentisch für sich selbst werben. In den Gruppen selbst machen sich Unternehmen durch einzelne Beiträge derart interessant, dass das Interesse der User dahingehend geweckt wird, dass folglich ein Besuch der Facebook-Seite bzw. der Karrierewebsite des Unternehmens stattfindet.

Abb. 12 Screenshot der öffentlichen Facebookgruppe Personalmarketing und Recruiting
Quelle: https://www.facebook.com/groups/Personalmarketing.Recruiting/

---

[310] vgl. ebd.
[311] vgl. ebd.

Facebook- Seite

Für Unternehmen gibt es eine eigene Art der Repräsentation- die Facebook-Seiten. Der größte Vorteil einer Facebook-Seite ist, dass sie komplett offen für nicht registrierte User sowie für Suchmaschinen ist.[312] Damit wird die Reichweite und Sichtbarkeit nochmal enorm erhöht, denn jeder Internetnutzer könnte ein potentieller Besucher der eigenen Facebook-Seite werden. Die große Menge an Applikationen und Widgets (Steuerelemente), die den Unternehmen als Seitenbetreiber zur Verfügung stehen, sind ein weiterer großer Vorteil. Applikationen sind Programme bzw. Anwendungen, die von Facebook direkt oder von Dritten programmiert werden, um z.B. Spiele oder Inhalte von anderen Plattformen in Facebook zu integrieren.[313] Dazu gehören weiterhin die Integration von Online-Shops, aufwendigen Games, Umfragen oder Gewinnspielen. Ein Beispiel für eine sinnvolle Applikation ist die von Twitter- damit werden alle Beiträge von Facebook automatisch auf den eigenen Twitter-Account exportiert.[314] User, die den „Gefällt-Mir-Button" der Facebook-Seite des Unternehmens anklicken, werden zukünftig über die Neuigkeiten auf dem Unternehmensprofil informiert.

Aufgrund des leichten und schnellen Austauschs bietet Facebook den Unternehmen enorme Potenziale zur Imagebildung und Kommunikation mit der Zielgruppe. Bereits in einer Studie von 2012 stellte sich heraus, dass nahezu 40% der nach Arbeitsplätzen suchenden Bewerber auf Facebook aktiv waren, wenngleich es als Medium speziell zur Stellensuche kaum genutzt wird, sondern v.a. zur Selbstdarstellung im privaten Bereich dient.[315]

---

[312] vgl. ebd.
[313] vgl. ebd.
[314] vgl. ebd.
[315] vgl. Teidelt 2012, S.6

Abb.13 Screenshot Facebook-Seite TK
Quelle: www.facebook.com/DieTechniker.karriere/ 21.10.2016, 15:00 Uhr

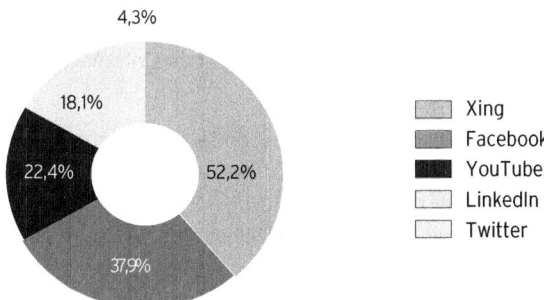

Abb. 14 Regelmäßig von Bewerbern genutzte soziale Netzwerke
Quelle: Teidelt 2012, S. 6

Der Einfluss von Social Media im Jahr 2012 aus Arbeitgebersicht zeigt sich in Abbildung 15.

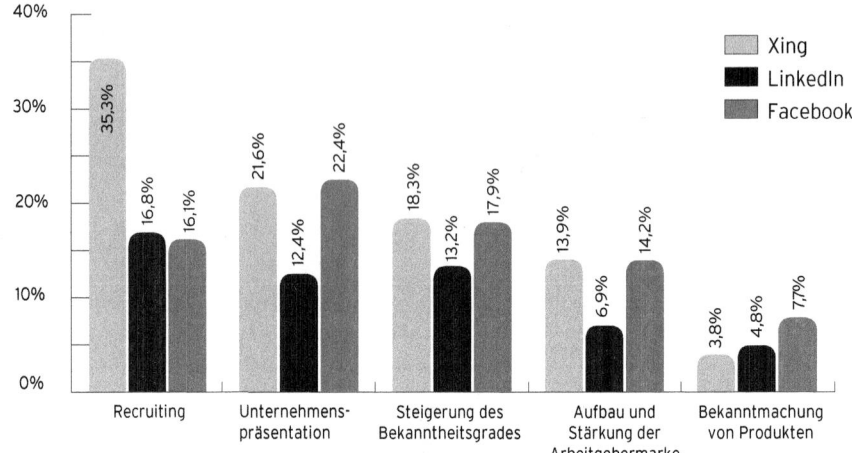

Abb. 15 Einfluss von Social Media aus Arbeitgebersicht
Quelle: Teidelt 2012, S.8

Auffällig ist, dass Facebook v.a. zur Unternehmenspräsentation, zur Steigerung des Bekanntheitsgrades und zur Rekrutierung genutzt wird.[316]

Allgemein ist Facebook als Plattform für Unternehmen bei ihrer aktiven als auch passiven Personalwerbung durchaus empfehlenswert, denn die Personalverantwortlichen können direkt dort kommunizieren, wo sich ihre Zielgruppe aufhält und unternehmenswerbende Botschaften sowie Inhalte mit den potentiellen Kandidaten austauschen. Gerade für kleinere und mittelständische Unternehmen ist es besonders vorteilhaft, sich über diese Netzwerkplattform einer breiten Masse präsentieren zu können und damit auch Personen zu erreichen, die aktuell nicht auf Jobsuche sind. Erhält jene Personengruppe interessante Informationen über das Unternehmen, könnte sie dies zu einem Stellenwechsel motivieren.

Jedoch müssen Unternehmen eines ganz besonders beobachten: Die unter 18-Jährigen- die Generation Z, die uns zukünftig auf dem Arbeitsmarkt zur Verfügung stehen wird- nutzen Facebook eher rückläufig. Lediglich 34% der 14-15-Jährigen sind auf der Plattform aktiv.[317] Der Kurznachrichtendienst Whatsapp, der ebenfalls zu Mark Zuckerbergs Internetkonzern gehört, liegt bei den jungen Leuten besonders hoch im Kurs.

---

[316] vgl. Teidelt 2012, S. 8
[317] vgl. Medienpädagogischer Forschungsverbund Südwest 2016, S. 34

95% der 14-17-Jährigen nutzen den Messenger regelmäßig.[318] Aber auch der Online-Dienst Instagram (63%) zum Teilen von Fotos und Videos und der Instant-Messaging-Dienst Snapchat (51%) werden von den 14-15-Jährigen häufiger genutzt als Facebook.[319] Whatsapp, Snapchat und Instagram konnten im Vorjahresvergleich ihre Position weiterhin ausbauen. Wer also junge Leute erreichen will, hat wohl mit diesen Social-Media-Plattformen recht gute Chancen.

4.3.2.3.2   XING

Im Jahr 2003 von Lars Hinrichs in Hamburg gegründet, stellt die XING AG derzeit das führende Online Business Network in Europa dar.[320] Zunächst wurde XING unter dem Namen Open BC (Open Business Club) als Plattform gestartet. Seit 2006 ist es börsennotiert und seit September 2011 im TecDAX gelistet. Das führende soziale Netzwerk im deutschsprachigen Raum für berufliche Kontakte erfuhr eine hohe Wachstumsdynamik im dritten Quartal des Jahres 2016. So wurde weltweit die 11-Millionen-Marke durch 441.000 neue Mitglieder im Oktober 2016 geknackt.[321] XING begleitet seine 11,6 Millionen Nutzer und knapp 11 Millionen Mitglieder durch die Umwälzprozesse der Arbeitswelt. Die Internet-Plattform unterstützt seine Mitglieder in einem Umfeld von Digitalisierung, Fachkräftemangel und Wertewandel v.a. dabei, Leben und Arbeit möglichst harmonisch in Einklang zu bringen.[322] In Deutschland gibt XING laut eigener Erhebung im Juli 2016 ca. 8,8 Millionen Nutzer an.[323]

Auf dem XING Stellenmarkt können Mitglieder nach einem Job, der ihren individuellen Bedürfnissen entspricht, suchen. Andererseits gibt es die Möglichkeit, sich auf dem Themenportal XING spielraum über Veränderungen und Trends der Arbeitswelt zu informieren oder mit den News-Angeboten stets auf dem Laufenden zu sein und sich an Diskussionen beteiligen zu können.[324] Die größte Jobsuchmaschine im deutschsprachigen Raum, Jobbörse.com, gehört seit Anfang 2005 zum Portfolie von XING. Auch kununu, die marktführende Plattform für Arbeitgeberbewertung im deutschsprachigen

---

[318] vgl. ebd.
[319] vgl. ebd.
[320] vgl. Gründerszene o.J. c
[321] vgl. XING AG 2016 a
[322] vgl. ebd.
[323] vgl. XING AG 2016 b
[324] vgl. XING AG 2016 a

Raum, wurde von XING aufgekauft und stärkte damit weiter die Position als Marktführer im Bereich Social Recruiting. [325] In ca. 80.000 Gruppen können sich die Mitglieder auf XING austauschen oder sie vernetzen sich persönlich auf einem der ca.150.000 beruflich relevanten Veranstaltungen pro Jahr. [326]

Die XING AG hat seinen Umsatz im dritten Quartal 2016 gegenüber dem Vorjahr um 24 % auf 37,8 Millionen gesteigert. [327]

Die Altersverteilung der XING-User zwischen 20 Jahren und > 50 Jahren ist relativ ausgeglichen. Den größten Anteil der deutschen Nutzer machen die 40 bis 49-jährigen mit 26,6 % aus, gefolgt von den über 50-jährigen mit 24,8%. Auch fast ein Viertel (23,5%) der 30-39-jährigen nutzt gern dieses Business Netzwerk, wobei die jüngeren User im Alter zwischen 20 Jahren und 29 Jahren mit 20,7% vergleichsweise den geringsten Anteil ausmachen. [328] Die 14 bis 19-jährigen sind mit 4,3% nur wenig auf der Internet-Plattform vertreten, was sich damit erklären lässt, dass sich diese Altersgruppe zumeist noch in der Schul- bzw. Ausbildung befindet. [329]

XING als soziales Business Netzwerk zeichnet sich dadurch aus, dass es die Vorzüge der Web-2.0-Funktionalität mit einer anzeigengestützten Personalsuche verbindet und ein breites Repertoire an Dialogchancen zwischen Arbeitgebern und potenziellen Kandidaten bietet. [330] XING unterscheidet sich in der Hinsicht spürbar von anderen Rekrutierungs-Kanälen, indem größtenteils berufliche und private Netzwerke miteinander verknüpft werden können. Das bedeutet, XING-Mitglieder nutzen die Plattform nicht ausschließlich zur Jobsuche und Personalsuchenden wird dadurch die Möglichkeit eröffnet, auch Zugang zu jenen Personen zu erhalten, die gegenwärtig nicht an einem Jobwechsel interessiert sind. Die starke Verbreitung und Reichweite von XING in den unterschiedlichsten Fachrichtungen und Karrierestufen, Altersgruppen, Bildungsgraden und Regionen sind Grund dafür, dass die Personalsuchenden für die meisten Vakanzen erstaunlich hohe Trefferquoten an Mitgliederprofilen erzielen können. [331] Im Health-Care-Bereich sehen 57,1 % der 300 größten deutschen Unternehmen dieser

---

[325] vgl. ebd.
[326] vgl. ebd.
[327] vgl. ebd.
[328] vgl. XING AG 2015
[329] vgl. ebd.
[330] vgl. Dannhäuser 2015, S. 34
[331] vgl. ebd.

Branche Karrierenetzwerke wie XING als geeigneten Active-Sourcing-Kanal an.[332] Wobei hierbei auch das Business Netzwerk LinkedIn die Zahlen beeinflusst.

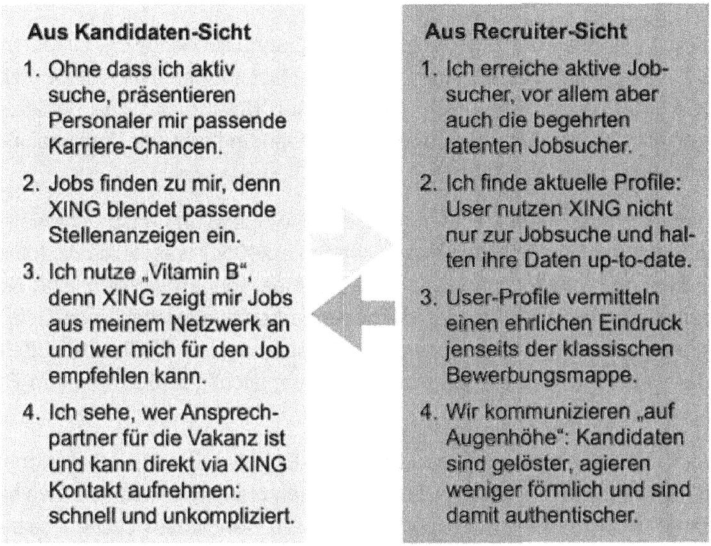

Aus Kandidaten-Sicht

1. Ohne dass ich aktiv suche, präsentieren Personaler mir passende Karriere-Chancen.

2. Jobs finden zu mir, denn XING blendet passende Stellenanzeigen ein.

3. Ich nutze „Vitamin B", denn XING zeigt mir Jobs aus meinem Netzwerk an und wer mich für den Job empfehlen kann.

4. Ich sehe, wer Ansprechpartner für die Vakanz ist und kann direkt via XING Kontakt aufnehmen: schnell und unkompliziert.

Aus Recruiter-Sicht

1. Ich erreiche aktive Jobsucher, vor allem aber auch die begehrten latenten Jobsucher.

2. Ich finde aktuelle Profile: User nutzen XING nicht nur zur Jobsuche und halten ihre Daten up-to-date.

3. User-Profile vermitteln einen ehrlichen Eindruck jenseits der klassischen Bewerbungsmappe.

4. Wir kommunizieren „auf Augenhöhe": Kandidaten sind gelöster, agieren weniger förmlich und sind damit authentischer.

Abb.16 Vorteile von XING gegenüber traditionelle Kanälen
Quelle: Dannhäuser 2016, S.36

Die Abbildung 16 zeigt die Vorteile des Netzwerks sowohl aus der Sicht der Kandidaten als auch aus der Sicht der Personalsuchenden. Der aus Kandidatensicht größte Vorteil liegt in den angebotenen Karrierechancen, nach denen man selbst nicht aktiv sucht, sondern die einem angeboten werden. Recruiter heben besonders die Ehrlichkeit und Authentizität der Kandidaten auf der Plattform hervor. Das Auffinden der begehrten latenten Jobsuchen wird als weiterer Vorteil angesehen.[333]

XING hat als Recruiting-Kanal vier Zielsetzungen etabliert:[334]

1. Schaltung von Stellenanzeigen
2. Active Sourcing

---

[332] Vgl. Weitzel u.a. 2015, S.100
[333] vgl. Dannhäuser 2015, S. 36
[334] vgl. ebd.

3. Imagewerbung/ Employer Branding
4. Suche nach Informationen über bereits identifizierte Kandidaten[335]

Die Schaltung von Stellenanzeigen ist für viele Personalsuchende der einfachste Weg, mit XING zu rekrutieren. Ähnlich wie auch auf der klassischen Online-Jobbörse funktionieren die Job-Postings bei XING. Zudem bietet XING zusätzliche Funktionen an, damit auch latent Suchende erreicht werden können und sich der Post viral in der bevorzugten Zielgruppe verbreitet.[336]

Mit dem Active Sourcing und damit durch die aktive Suche und Ansprache potenzieller Kandidaten aus der Mitgliederdatenbank können auf XING wesentliche Erfolge erzielt werden. Besonders mittelständische Unternehmen können vermeintliche Nachteile gegenüber großen und bekannten Arbeitgebermarken ausgleichen, indem sie clevere Kontaktstrategien sowie zügige Auswahlprozesse ansetzen.[337] Gerade in Zeiten des Fachkräftemangels wird Aktive Sourcing zu einem wichtigen Stellhebel im Rekrutierungs-Prozess.[338]

Im Sinn der Imagewerbung bzw. des Employer Branding ist eine professionelle Präsentation des Unternehmens/ der Arbeitsgebermarke auf XING- beispielsweise mit einem Unternehmensprofil- unerlässlich. Potentielle Kandidaten suchen gezielt nach Unternehmensinformationen auf XING.[339]

Aber auch umgekehrt: Personalsuchende als googelnde Personaler recherchieren auf XING Informationen über bereits identifizierte Kandidaten und machen sich so einen authentischen Eindruck vom potentiellen Mitarbeiter.[340]

Je ganzheitlicher – d.h. möglichst auf allen Handlungsfeldern- XING nun von den Personalsuchenden eingesetzt wird und die einzelnen Aktivitäten miteinander verzahnt werden, umso vielversprechender können Erfolge in der aktiven Kandidatensuche und -ansprache erzielt werden.[341]

---

[335] vgl. ebd.
[336] vgl. ebd.
[337] vgl. ebd.
[338] vgl. ebd.
[339] vgl. ebd.
[340] vgl. ebd.
[341] vgl. ebd

Tritt man dem Karriere-Netzwerk XING bei, kann man zwischen verschiedenen Mitgliedschaften und Zusatzpaketen auswählen:[342]

1. Die kostenlose Basis-Mitgliedschaft: die virtuelle Visitenkarte auf XING
2. Die Premium-Mitgliedschaft: das Tool für professionelles Networking auf XING
3. Der XING-Talentmanager: der externe Talentpool in XING
4. ProJobs[343]

Die Registrierung auf der Plattform ist kostenfrei.

Die Basis-Mitgliedschaft hält die wichtigsten Funktionen von XING kostenfrei zur Verfügung. Man kann sich ein eigenes professionelles Profil erstellen, kann Kontakte einladen, verwalten und mit diesen kommunizieren, kann nach Jobs suchen, an Veranstaltungen teilnehmen bzw. selbst organisieren oder in Gruppen aktiv werden.[344]

Die kostenpflichte Premium-Mitgliedschaft bietet zusätzliche Funktionen- beispielsweise lässt sich erkennen, wer das eigene Profil besucht und es können Nachrichten auch an Nicht-Kontakte versendet werden. Weiterhin stehen dem Nutzer umfangreichere Such-und Recherchemöglichkeiten zur Verfügung. Je nach Laufzeit und ob die Premium-Mitgliedschaft schon einmal in der Vergangenheit genutzt wurde variieren die Gebühren zwischen 6,35€ und 9,95€ pro Monat.[345]

Der Talentmanager wurde für Personalabteilungen und Recruiter entwickelt und ist im Unterschied zur Basis- und Premium-Mitgliedschaft eine Firmen-Mitgliedschaft. Hierbei erwerben die Firmen die gewünschte Anzahl von Talentmanager-Lizenzen für ausgewählte Mitarbeiter über 12 Monate. Diese Mitarbeiter erhalten von XING zusätzlich den vollen Funktionsumfang der Premium-Mitgliedschaft für ihr eigenes Personenprofil. Active Sourcing wird somit im Team ermöglicht und damit strukturiert, nachhaltig und effizient betrieben. Für die anzeigengestützte Personalsuche, für das Employer Branding oder für das Veranstalten von Karriere-Events bzw. für das Nutzen von XING-Gruppen ist der Talentmanager jedoch nicht relevant.[346] Die Mitgliedschaft kostet ca. 250,00€ monatlich.[347]

---

[342] vgl. XING AG, Dannhäuser 2016, S. 38-42
[343] vgl. ebd.
[344] vgl. ebd.
[345] vgl. Aschermann 2016
[346] vgl. Dannhäuser 2015, S. 42
[347] vgl. Hust 2013

ProJobs beinhaltet alle Vorteile der Premium-Mitgliedschaft sowie zusätzliche Funktionen, die speziell für Jobsuchende entwickelt wurden und ihnen Unterstützung dabei geben, schneller den gewünschten Job zu finden.[348]

Das Personenprofil ist auf XING zentral. Hier kann man seine Kontaktdaten, Qualifikationen („Ich biete") bzw. seinen Bedarf („Ich suche") und weiterhin den beruflichen Werdegang, akademische Titel und andere Informationen darstellen.[349] Mit dem Personenprofil ist eine aktive Vernetzung möglich und man kann Statusupdates erstellen, die andere User kommentieren und an ihr Netzwerk weiterleiten können.[350] XING-Gruppen zum Diskutieren von Fachthemen können ebenfalls nur mit einem Personenprofil besucht werden. Auf XING haben die Mitglieder die Möglichkeit, ein Portfolio anzulegen welches jedem User erlaubt, mit Multimedia-Elementen und Texten sein Angebot zu präsentieren. Mittels Bilder, Videos, Textbausteinen und PDF-Anhängen kann eine Art Online-Marketing-Mappe über die Person selbst erstellt werden. Weiterhin können XING-Nutzer Events veröffentlichen und im Netzwerk bewerben und verteilen.[351]

Neben den Personenprofilen, können auch Unternehmensprofile erstellt werden. In der gebührenfreien Basis-Variante kann das Firmenlogo und die Unternehmensbeschreibung eingepflegt werden, man kann Kontaktdaten angeben und auf die Karrierewebsite/Unternehmenshomepage verlinken. In der Premium-Version kann das Profil mit mehr Bildern, Videos und weiterführenden Informationen wie Produkt, Branche und Dienstleistungen in einem ansprechenderen Design angereichert werden.[352] Neuigkeiten, die User abonnieren dürfen, können auch auf Unternehmensprofilen veröffentlicht werden. Eher aber sind diese Neuigkeiten Aushängeschilder und sollten beispielsweise nicht dazu verwendet werden, um zu interagieren oder um aktiv Kontakte zu knüpfen.[353] Mitglieder der Premium-Unternehmensprofile haben zusätzlich Pflegerechte für die Arbeitgeberbewertungsplattform kununu und speziell für das kununu-Profil des eigenen Unternehmens. Kununu wird immer wichtiger für das Branding der Firmen, denn hier informieren sich Bewerber über die Attraktivität der Arbeitsplätze bzw. der Arbeitgeber. Es ist demnach empfehlenswert, zumindest zu überwachen, wie

---

[348] vgl. XING AG
[349] vgl. Holmes 2015, S. 92
[350] vgl. ebd.
[351] vgl. ebd.
[352] vgl. ebd., S. 95
[353] vgl. ebd.

und was über das Unternehmen kommentiert wird.[354] Die Premium- Mitgliedschaft für das Firmenprofil kostet monatlich ca. 395,00€.[355]

Wie Abbildung 14 bereits veranschaulichte, ist die von Bewerbern am häufigsten genutzte Seite XING mit 52,2%. Schaut man sich den Zweck der Nutzung dieser Plattform genauer an, so lässt sich festhalten, dass XING das einzige Netzwerk ist, welches berufliche und private Netzwerke von Arbeitnehmern miteinander verknüpft.

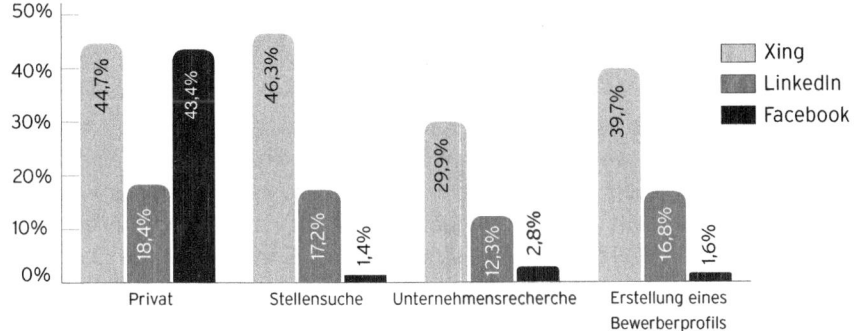

Abb.17 Art der Nutzung von sozialen Netzwerken- Bewerberseite
Quelle: Teidelt 2012, S.6

Fast die Hälfte (44,7%) nutzen XING auch privat. Hauptsächlich wird das Netzwerk jedoch zur Stellensuche verwendet (46,3%), wozu auch das Anlegen eines Profils notwendig ist und sich daraus die ebenfalls hohe Zahl (39,7%) an Bewerberprofilen ableitet. Weiterhin dient XING vielen Bewerbern als Informationsquelle für sie relevante Arbeitgeber (29,9%).[356]

In der Abbildung 14 und 15 wurde bereits deutlich, dass Arbeitgeber und Bewerber XING bei der Job- bzw. Mitarbeitersuche bevorzugen. Als Rekrutierungs-Kanal ist XING bei den Arbeitgebern mit großem Abstand (35,3%) die beliebteste Social-Media-Plattform.[357]

---

[354] vgl. ebd.
[355] vgl. ebd.
[356] Vgl. Teidelt 2012, S. 6
[357] Vgl. Teidelt 2012, S.8

Abschließend kann festgehalten werden, dass XING von Unternehmen aller Branchen genutzt werden kann. Unternehmen haben auf dieser Plattform die Möglichkeit, sich zu präsentieren, Kontakte zu knüpfen und Kunden/Bewerber zu akquirieren.[358] Besonders für kleine und mittelständische Unternehmen bietet es sich an, Engagement auf XING zu zeigen, um den Bekanntheitsgrad bei der gewünschten Zielgruppe zu erhöhen.[359]

Die Herausforderungen der Personalbeschaffung und allgemeines Ziel der Rekrutierung ist es, Vakanzen mit der gewünschten Anzahl geeigneter Fachkräfte zeitnah zu besetzen. Aktuelle Entwicklungen zeigen jedoch, dass es einigen Unternehmen schwer fällt, vakante Positionen besetzen zu können. Zur Problembehebung werden Maßnahmen wie passive Personalwerbung, durch Employer Branding, oder aktive Personalwerbung, mittels direkter Zielgruppenansprache, aufgezeigt. Für diese aktive bzw. passive Personalrekrutierung steht den Personalverantwortlichen eine Vielzahl von klassischen als auch modernen, internetgestützten, Instrumenten zur Verfügung. Die passgenaue Auswahl des jeweiligen Instrumentes muss auf die jeweilige Zielgruppe, die erreicht werden soll, abgestimmt werden. Eine tabellarische Gegenüberstellung der Vor- und Nachteile, der Eignung zur Zielgruppenansprache sowie der Kosten einzelner Recruiting Tools befindet sich im Anhang 1 dieser Arbeit.

Je nach Zielgruppe und geforderter Qualifikation kann sich die Auswahl des Tools bei jedem Unternehmen unterscheiden. Inwiefern die Unternehmensgröße Einfluss auf die Instrumentenwahl hat, wurde bisher nicht ausreichend empirisch untersucht. Allerdings zeigen unterschiedliche Studien zum Thema Personalbeschaffung deutscher (Sozial-) Unternehmen aktuelle Trends im Einsatz spezieller Tools, die im folgenden Kapitel näher betrachtet werden.

---

[358] vgl. Fedossov/Kirchner 2009, S. 92
[359] Vgl. Zarrella 2010, S. 95

5. Aktuelle Entwicklungen der externen Personalrekrutierung

5.1 Allgemeine Entwicklungen

Das Internet und v.a. die Nutzung von Smartphones und Tablets sind in Deutschland schon lange keine Neuigkeit mehr. Bereits 2015 wird von 70% der deutschen Bevölkerung das mobile Internet genutzt.[360] Insbesondere die jüngere Generation ist stark mobil orientiert und nutzt Apps und Internetseiten jeder Art sowohl im privaten aus auch im beruflichen Umfeld, zu Hause oder unterwegs. Da scheint es für Unternehmen gegenwärtig effektiv zu sein, sich bei der Bewerberansprache verstärkt auf internetbasierte Instrumente und ganz speziell auf das Mobile Recruiting zu konzentrieren.

Das Online-Recruiting hat sich längst etabliert und bewährt. Klassische Beschaffungswege wie beispielsweise Stellenanzeigen in Printmedien erreichen längst nicht die breite Masse an Bewerbern, die Unternehmen ansprechen wollen.[361]

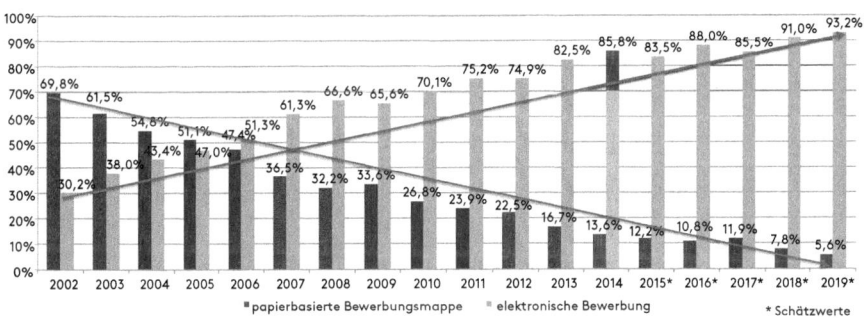

Abb.18 Vergleich papierbasierte Bewerbungsmappe und elektronische Bewerbung im Zeitverlauf
Quelle: Weitzel u.a. 2015, S.62

Wie die Abbildung 18 veranschaulicht, geht die Entwicklung seit 2006 von der Bewerbungsmappe hin zur elektronischen Form, welche die Formularbewerbung als auch die Bewerbung per E-Mail einschließt. Die befragten 1000 größten deutschen Unter-

---

[360] vgl. Wollmilchsau GmbH 2015, S.8
[361] vgl. Van den Bosch 2015, S. 46

nehmen erwarten bis zum Jahr 2019, dass mehr als 90% der Bewerbungen elektronisch eingehen werden und damit die papierbasierten Bewerbungen verdrängt werden.[362]

Diese Entwicklung zeigt deutlich, dass Bewerber immer mehr über internetbasierte Stellenanzeigen angesprochen werden. Weiterhin zeigt sich, dass aufgrund des unkomplizierten und schnellen Typus sowie des geringen Kostenfaktors elektronische Bewerbungen deutlich bevorzugt werden, wobei die Formularbewerbung über die Unternehmenshomepage einen deutlichen Bedeutungszuwachs in den nächsten Jahren erfahren wird, während die E-Mail-Bewerbung tendenziell eher rückläufig ist.[363]

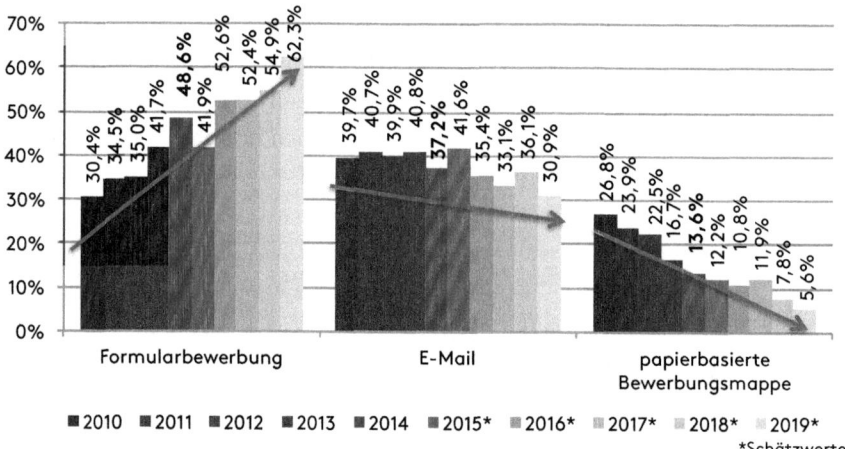

Abb. 19 Anteile der einzelnen Bewerbungsformen im Bewerbungseingang im Zeitverlauf
Quelle: Weitzel u.a. 2015, S. 61

Die Entwicklung zum schnellen und kostengünstigen Austausch beeinflusst die Prozesse der Personalbeschaffung von Unternehmen enorm, denn „Zeit ist Geld" gilt nicht nur für die Betriebe selbst, sondern auch für viele Jobsuchende.[364]

Die Kommunikation hat sich verändert. „*Aus dem klassischen Personalmarketing-Monolog entsteht ein Dialog mit der Zielgruppe.*"[365] Die Zielgruppe muss auf den innova-

---

[362] vgl. Weitzel u.a. 2015, S. 62
[363] vgl. Weitzel u.a. 2015, S. 61
[364] vgl. Van den Bosch 2015, S. 48
[365] Bernauer u.a. 2011, S. 22

tiven, neuen Kanälen erreicht werden, auf denen diese ohnehin schon längst kommuniziert.[366] Diese Kanäle sind insbesondere Online-Stellenbörsen, Social Media und Unternehmens-Websites. Im Bereich des Personalmanagements sollten diese Veränderungen wahrgenommen werden und für das Marketing und die Rekrutierung erfolgreich genutzt werden.[367]

Zur Anwerbung von Fach-und Führungskräften nutzten im Jahr 2014 90,4% der befragten 1000 größten deutschen Unternehmen die eigene Unternehmens-Website zur Publizierung der Vakanzen. Gefolgt von den Internet-Stellenbörsen mit 70,1%, der Bundesagentur für Arbeit mit 30,5%, Social Media mit 28,1%, Mitarbeiterempfehlungen mit 22,7% und den Printmedien mit 11,9%. Im Vergleich zum Vorjahr wurden jedoch alle Tools prozentual geringfügig weniger genutzt, außer bei den Social-Media-Anwendungen stieg die Nutzung um 8,3 Prozentpunkte.[368]

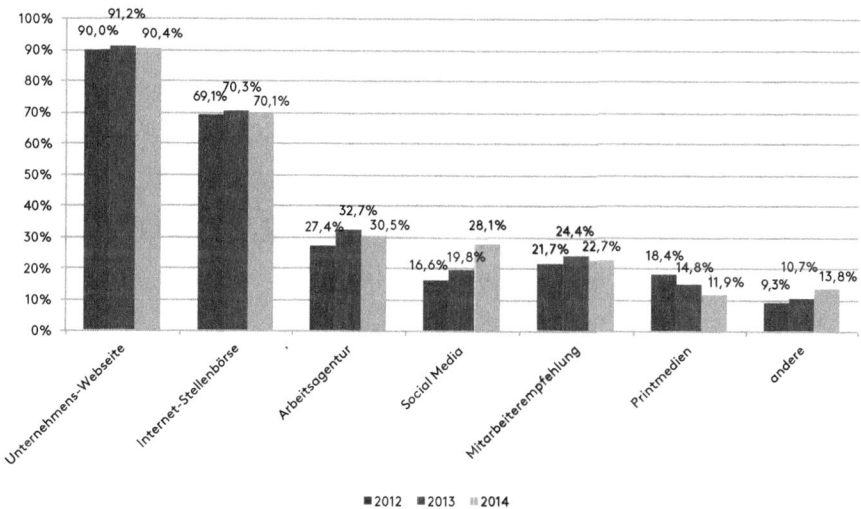

Abb. 20 Anteile der in verschiedenen Recruiting-Kanälen veröffentlichten Vakanzen im Vergleich zu
den beiden Vorjahren
Quelle: Weitzel u.a. 2015, S. 43

---

[366] vgl. ebd., S. 23
[367] vgl. Van den Bosch 2015, S. 48
[368] vgl. Weitzel u.a. 2015, S. 43

Allerdings zeigen sich Unterschiede darin, durch welche Tools sich letztendlich feste Einstellungen von Mitarbeitern ergeben haben. Hauptsächlich wurden potenzielle Mitarbeiter gleichermaßen mit 37,3% über Internet-Stellenbörsen sowie über die Unternehmens-Website rekrutiert. Die Anwerbung von Personal über Mitarbeiterempfehlungen und über die Stellenausschreibung in Printmedien nahm 2014 im Vergleich zu den Vorjahren ab. Über Social Media (5,1%) und die Bundeagentur für Arbeit (2,7%) konnten jedoch im Jahr 2014 im Vorjahresvergleich mehr Einstellungen generiert werden.[369]

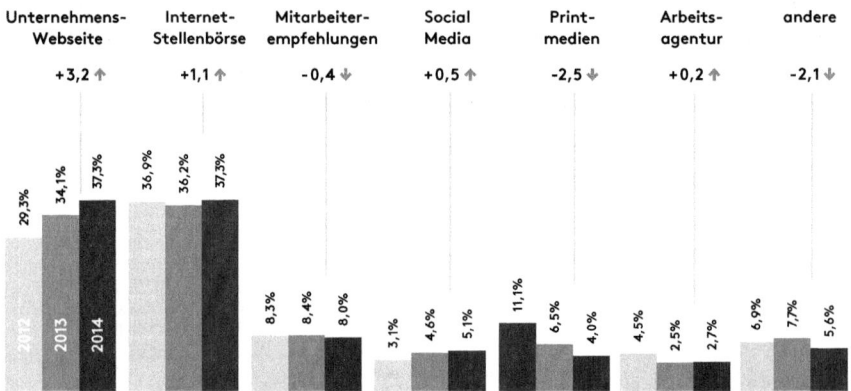

Abb. 21 Anteile der über verschiedene Recruiting-Kanäle generierten Einstellungen
Quelle: Weitzel u.a. 2015, S. 9

Die Anteile der über Unternehmens-Website und Internet-Stellenbörse generierten Einstellungen haben in den letzten Jahren kontinuierliche Zuwächse erfahren. Auch über Social-Media-Kanäle kommen immer mehr Einstellungen zustande. Eine Entwicklung bzw. ein Trend bei diesen drei Kanälen ist klar zu erkennen. Damit stehen diese Tools bei der Rekrutierung an erster Stelle bei den deutschen Unternehmen.

Dass die Social-Media-Kanäle einen solchen Anstieg erfuhren, liegt v.a. daran, dass mit Hilfe sozialer Netzwerke mit wenig Aufwand und innerhalb kurzer Zeit eine Vielzahl von Menschen erreicht wird und demnach Unternehmen aktiv Imagewerbung betreiben und nach passenden Bewerbern Ausschau halten bzw. die potentiellen Kandidaten direkt ansprechen können. Sowohl bei den Bewerbern als auch bei den Personalverantwortlichen ist der wichtigste Social-Media-Kanal das Business Netzwerk XING.

---

[369] vgl. ebd., S. 9

Hier werden am häufigsten Vakanzen publiziert und gesucht.[370] Für die Imagewerbung bzw. für das Employer Branding wird zumeist Facebook favorisiert.[371] Zwar haben sich diese Kanäle für das Personalmarketing etabliert, jedoch ist das Nutzungsverhalten immer noch recht zurückhaltend. Dennoch bewerten 64,2% der befragten 1000 größten deutschen Unternehmen Social-Media-Anwendungen für die Rekrutierung als durchaus positiv. 77,7% der Unternehmen glauben, dass es notwendig sei, verstärkt Social-Media-Kanäle bei der Rekrutierung zu berücksichtigen, wenn man die Kandidaten aus der Generation Y erreichen möchte.[372]

In der Digitalisierung des Recruitings hat sich viel getan. Es gibt einen wahren Techniksprung und zukünftig können innovative Recruiting Tools angeboten werden, welche die bisher bekannten Instrumente sinnvoll ergänzen können. In der aktuellen Studienreihe des Centre of Human Resources Informations Systems (CHRIS) der Universität Bamberg gaben 37,6% der 114 befragten größten deutschen Unternehmen und 35,7% der Kandidaten an, dass sie jeweils vom anderen in Zukunft moderne Kommunikationsformen in der Rekrutierung erwarten.[373]

Themen wie Robot Recruiting oder Matching beschreiben Algorithmen zur Bewerberidentifikation und -auswahl. Beim Robot Recruiting werden IT-gestützte Verfahren genutzt, die dem Recruiter jene Kandidaten herausfiltert, die anhand der Qualifikationen und der Soft Skills perfekt zur Stelle passen. Beim Matching verhält es sich ähnlich. Beispielsweise werden Informationen einer vakanten Position mit den Profildaten von Facebook-Usern abgeglichen und die entsprechende Stellenanzeige erscheint dann ganz gezielt in den Profilen der gewünschten Kandidaten mit der höchsten Trefferquote. Allerdings nutzen bisher lediglich 2,4% der befragten 114 Unternehmen Angebote, die selbstlernende Matching-Algorithmen implementiert haben.[374] Stellensuchenden ist dieser Algorithmus ebenfalls zugänglich. Dafür müssen Karriereinteressierte ihre Fähigkeiten z.B. über eine Handy-App zugänglich machen. Stimmen die Jobanforderungen mit den angebotenen Fähigkeiten überein, erhalten die Suchenden passende Karriereoptionen. 53% der Bewerber sind interessiert daran, wenn Algorithmen offene Stellen vorschlagen.[375] Das Recruiting steht an einem Wendepunkt. Ob sich solche Technologien jedoch durchsetzen, ist noch fraglich. Allerdings werden die Vorteile neuer Technologien im Personalbereich erkannt. So ist auch „Big Data" ein

---

[370] vgl. Teidelt 2012, S.6-8
[371] vgl. Weitzel u.a. 2015, S. 53
[372] vgl. ebd., S. 52
[373] vgl. Weitzel u.a. 2016, S. 18
[374] vgl. ebd., S. 4-5
[375] vgl. ebd., S. 5

Schlüsselwort in der Rekrutierung, v.a. im Controlling. Hierbei geht es um die Erhebung aus Auswertung von im Netz bzw. auf Datenbanken befindlichen Kennzahlen und dient der Kontrolle und Steuerung der Rekrutierungsprozesse. Große Datenmengen werden daraufhin analysiert, wodurch Optimierungsansätze erarbeitet werden können. Ziel dabei ist die stetige Verbesserung der Rekrutierungsprozesse.[376] Auch in Deutschland gibt es bereits entsprechende Big-Data-Anwendungen, wie beispielsweise Talentsuchmaschinen, die ähnlich wie Google, jedoch mit anderen Suchalgorithmen und in anderen Bereichen, das Internet nach passenden Kandidaten durchsucht.[377]

Mit einer von SAP entwickelten entsprechenden Software soll als zusätzlicher Vorteil bei der Auswahl und Auswertung von Bewerbungen erreicht werden, dass subjektive Vorurteile und damit verbundene Diskriminierungen keinen Einfluss haben.[378]

Da das Thema noch recht jung ist, besteht noch viel Aufklärungsbedarf. Dennoch besteht bei den Unternehmen Interesse an Big-Data-Lösungen. Auch Stellensuchende stehen dem Thema überraschend positiv gegenüber: 59% der Kandidaten finden es gut, wenn Daten erhoben werden, um den Rekrutierungsprozess zu beschleunigen. 52,2% der Stellensuchenden sind sogar dazu bereit, persönliche Daten preiszugeben, damit der Rekrutierungsprozess der Unternehmen optimiert werden kann.[379]

M.E. können mithilfe einer solchen Datenbasis auch sinnvolle Evaluationen der vergangenen Auswahlpraktiken erfolgen. In objektivierter Weise können jeweilige Erwartungen der Personalverantwortlichen an die Eingestellten mit deren tatsächlichen späteren Arbeitsleistungen in Beziehung gesetzt werden, mit der positiven Konsequenz der Verbesserung bzw. Justierung der Einwerbe- und Auswahlprozesse. Dieser Prozess sollte nicht im Ungefähren und Subjektiven verlaufen, sondern klar objektivierbar sein, damit er Wirkung erzielt. D. h., dass exakt dokumentiert wird, aufgrund welcher Kriterien jemand eingestellt wurde sowie was dabei die Motive und die für die Aufmerksamkeit auf die Stelle wesentliche Information war und wie -nach einem Punktesystem erfasst- seine Leistungen in der betrieblichen Praxis sind. Diese Kenntnisse können dann sinnvoll bei der weiteren Personalwerbung berücksichtigt werden.

Neue Trends der Rekrutierung werfen nicht mehr nur ihre Schatten voraus- sie haben bereits eingesetzt. Angesicht des Fachkräftemangels kommen Unternehmen zukünftig nicht mehr daran vorbei, sich mit modernster Kommunikation zu beschäftigen, denn

---

[376] vgl. Dietz 2016, o.S.
[377] vgl. ebd.
[378] vgl. Astheimer 2016, S. 22
[379] vgl. Weitzel u.a. 2016, S. 20

insbesondere die jungen Generationen sind auf den klassischen Kanälen nur noch schwer erreichbar.

5.2 Entwicklungen in der Personalrekrutierung sozialwirtschaftlicher Unternehmen

Trotz ausgiebiger Literatur- und Internetrecherchen konnten bisher keine umfassenden Studien zum Thema Entwicklungen in der Personalrekrutierung sozialwirtschaftlicher Unternehmen gefunden werden. Nur wenige Wissenschaftler und Autoren haben sich bisher mit dieser Thematik beschäftigt.[380] Deshalb wird sich im Folgenden weitestgehend auf die Aussagen der Studie „Recruiting Trends 2015" gestützt. Im Bereich Health Care, d.h. im medizinisch-sozialen Bereich, publizieren 97,9% der 300 größten deutschen Health-Care-Firmen nahezu jede Vakanz auf der eigenen Unternehmens-Website und ca. sieben von zehn offene Stellen werden in Internet-Stellenbörsen veröffentlicht. Weiterhin erfolgt die Veröffentlichung der vakanten Stellen durch Social Media mit 27,1%, gefolgt von der Bundesagentur für Arbeit (26,3%), Mitarbeiterempfehlungen (16,3%) und Printmedien (12,7%).[381] Die meisten Einstellungen konnten im medizinisch-sozialen Bereich mit einer Stellenanzeige in einer Online-Stellenbörse (40,8%) generiert werden. Damit ist die Online-Stellenbörse im Health-Care-Bereich ebenso erfolgreich bei der Besetzung offener Stellen als bei allen weiteren branchenunabhängigen deutschen Unternehmen. Auf dem zweiten Platz befinden sich die Unternehmens-Webseiten, auf denen 31,2 % aller Einstellungen erfolgen.[382] 7,0 % der Einstellungen werden über die Bundesagentur für Arbeit und 6,9% über Mitarbeiterempfehlungen generiert.[383] Printmedien (5,8%) und Social Media (3,3%) versprechen eine weniger erfolgreiche Rekrutierung neuer Mitarbeiter im medizinisch-sozialen Sektor.[384]

---

[380] vgl. Van den Bosch 2015, S. 50
[381] vgl. Weitzel u.a. 2015, S. 29
[382] vgl. ebd.
[383] vgl. ebd.
[384] vgl. ebd.

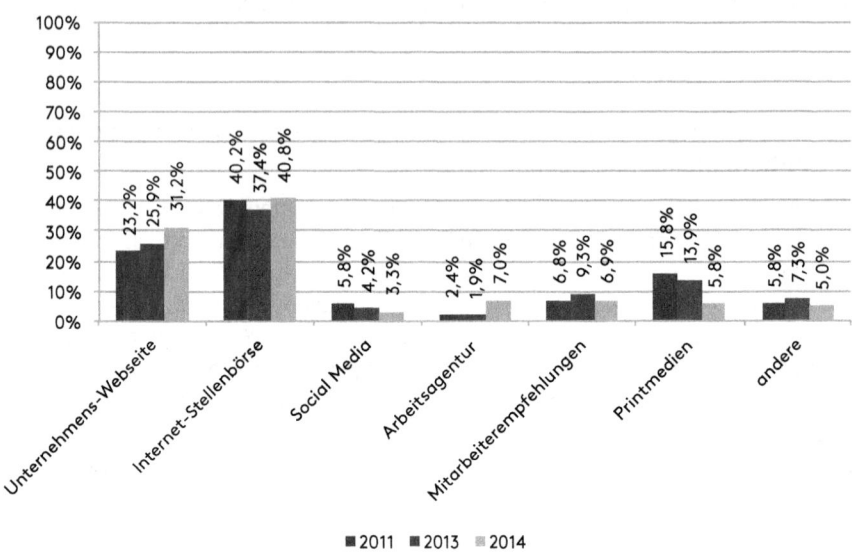

Abb. 22 Anteile der in verschiedenen Recruiting-Kanälen generierten Einstellungen
Quelle: Weitzel u.a. 2015, S. 99

Festzustellen ist, dass weder die Veröffentlichung auf der eigenen Unternehmens-Website noch die Zusammenarbeit mit der Bundesagentur für Arbeit oder die Nutzung der Social-Media-Kanäle die gewünschten Rekrutierungserfolge brachten.[385] Einen leichten Vorsprung im Vergleich zu den anderen Branchen haben die Stellenanzeigen in Printmedien, wenngleich sie einen Verlust von 8,1 Prozentpunkten zum Vorjahr verzeichnen müssen.

Neben der Unternehmens-Website, der Internet-Stellenbörse und der Bundesagentur für Arbeit, ist die Mitarbeiterempfehlung ein bedeutsames Instrument der Personalbeschaffung im Health-Care-Bereich und stellt damit die fünftwichtigste interne Herausforderung für die Personalbeschaffung in diesem Sektor dar. Dabei geht es v.a. darum, die Netzwerke der eigenen Mitarbeiter für die Rekrutierung neuen Personals zu nutzen.[386]

---

[385] vgl. ebd., S. 99
[386] vgl. ebd., S. 95

Um schwierig zu besetzenden Vakanzen entgegenzuwirken, bewähren sich aus Sicht der 300 größten deutschen Health-Care-Unternehmen eigene Ausbildungsmaßnahmen am ehesten.[387] Jeder einzelne der Befragten, vertritt die Meinung, dass die Ausbildung im eigenen Unternehmen in diesem Kontext geeignet ist. Weiterhin werden Umschulungsmaßnahmen, flexible Arbeitszeitmodelle, Home Office sowie die Rekrutierung von Frauen als besonders wichtig empfunden.[388] Insbesondere Umschulungsmaßnahmen werden im Vergleich zu den anderen Branchen der 1000 deutschen Unternehmen höher eingestuft.[389]

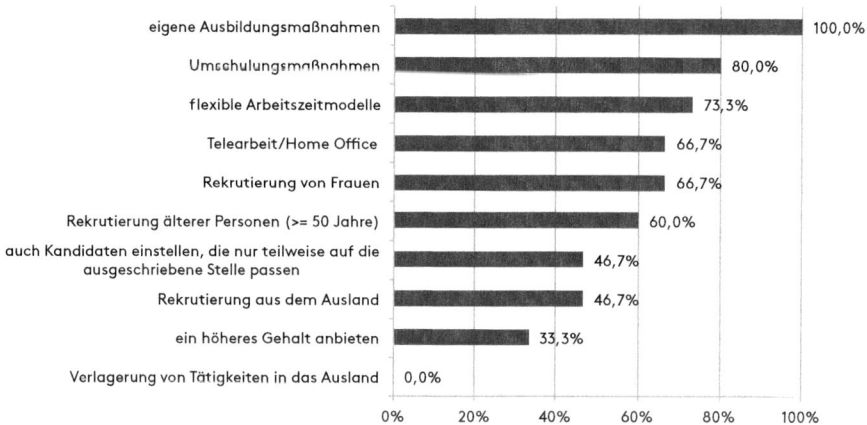

Abb. 23 Maßnahmen gegen Besetzbarkeitsprobleme
Quelle: Weitzel u.a. 2015, S. 98

Vergleichsweise ähnlich häufig wurden Social-Media-Kanäle von den medizinisch-sozialen-Branchen zum Rekrutieren genutzt, wobei es erst vom Jahr 2013 zum Jahr 2014 einen enormen Bedeutungszuwachs von 12,7 Prozentpunkten gab.[390]

Auch im Health-Care-Sektor wird XING vorrangig zur Schaltung von Stellenanzeigen (25%) genutzt, während Facebook –gleichermaßen mit XING (26,7%)- zumeist der Imagewerbung (26,7%) dient.[391]

---

[387] vgl. ebd. S. 98
[388] vgl. ebd.
[389] vgl. ebd.
[390] vgl. ebd., S. 99
[391] vgl. ebd., S. 103

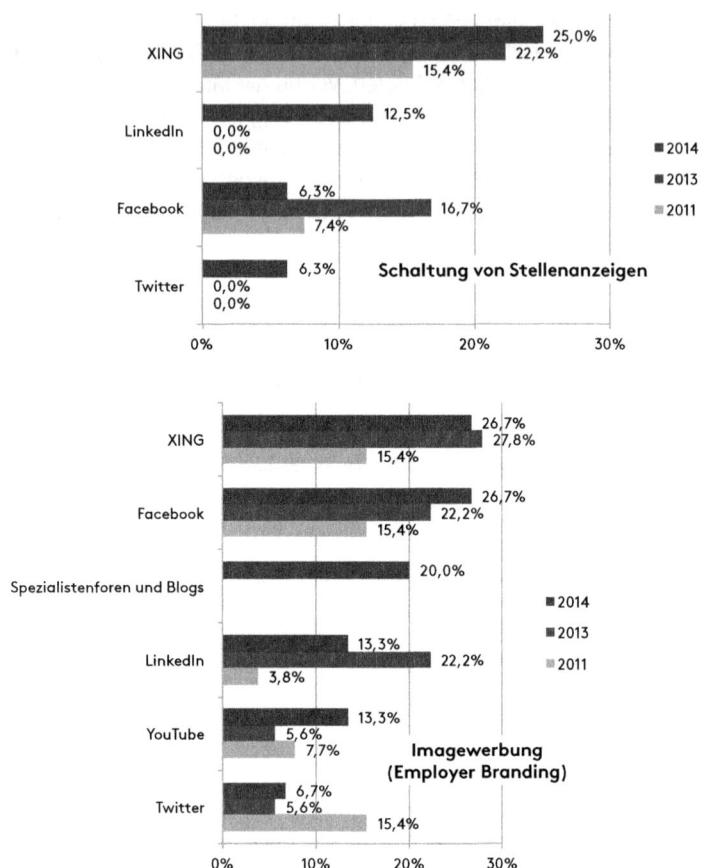

Abb. 24 Die Nutzung von Social-Media-Kanälen im Zeitablauf
Quelle: Weitzel u.a. 2015, S. 103

Das Thema Mobile Recruiting hat für die befragten 300 deutschen Unternehmen des Health-Care-Sektors im Jahr 2014 beachtlich an Bedeutung zugenommen. So haben mittlerweile 43,8% dieser Unternehmen die Darstellung der eigenen Karriere-Website für bestimmte mobile Endgeräte optimiert. Das sind 32% mehr als noch 2013.[392] Auch die Darstellung der Online-Stellenanzeigen (33,3%) wurde für Smartphones und Tablets angepasst. 12,5% der Unternehmen bieten sogar Apps an, welche die Suche nach

_____

[392] vgl. ebd., S. 105

freien Stellen im Unternehmen erleichtern sollen.[393] Allgemein empfinden 64,3% der Befragten die Ansprache der Kandidaten über mobile Endgeräte als sinnvoll und sehen einen großen Einfluss dieser Geräte (60,0%) auf die Personalbeschaffung.[394] Im Vergleich zu den branchenunabhängigen deutschen Unternehmen, lässt sich feststellen, dass ein deutlich größerer Teil die Ansprache der Kandidaten über mobile Endgeräte als sinnvoll erachtet.[395]

Bei der Besetzung vakanter Positionen nutzen viele Unternehmen gern hausinterne Kompetenzen, bevor externes Personal angeworben wird. Bei einigen sozialwirtschaftlichen Unternehmen sei es jedoch *„geradezu wünschenswert, wenn ein neuer Mitarbeiter mit neuen Ideen und Kenntnissen in das eigene Unternehmen hineinkommt und für entsprechende Dynamik sorgt."*[396]

Zunehmend erfährt in Sozialunternehmen die persönliche Ansprache mittels Headhunter bzw. Personalberater, insbesondere bei der Suche nach Führungskräften, einen Bedeutungsanstieg.[397]

Vorausschauende Betriebe achten inzwischen mehr auf die Ausbildung eigener Fachkräfte. So warben die Berliner Verkehrsbetriebe (BVG) im Herbst 2016 großflächig und aufwendig um Bewerber für zwölf Ausbildungsberufe.

Im Übrigen sei bemerkt, dass parallel mit der Nachfrage nach Führungs- und Fachkräften auch die nach geringer Qualifizierten wächst. Laut dem „Dekra- Zeitarbeit-Report- 2016" wollen über 50% der befragten Firmen in den kommenden zwei Jahren neue Mitarbeiter einstellen, wobei auch Flüchtlinge infrage kommen, mit denen über drei Viertel der Firmen, die aus dieser Personengruppe eingestellt hatten, mit ihnen gute Erfahrungen machten.[398]

Eine intensive Imagepflege sowie ein langfristiges Personalmarketingkonzept, verbunden mit einer kontinuierlichen Öffentlichkeitsarbeit, bilden auch bei sozialwirtschaftlichen Unternehmen die wichtige Basis einer erfolgreichen externen Personalrekrutierung.

Zusammenfassend kann festgehalten werden, dass sich in der Personalbeschaffung deutscher Unternehmen das Internet und damit die Nutzung moderner Tools etabliert

---

[393] vgl. ebd.
[394] vgl. ebd.
[395] vgl. ebd.
[396] Arnold/Grunwald/Maelicke 2014, S. 874
[397] vgl. ebd.
[398] vgl. Härder 2016, S. 34

und klassische Instrumente, wie z.B. Printmedien an Bedeutung immer mehr verlieren. Die erfolgreichsten Recruiting Tools im Jahr 2014 waren sowohl aus Bewerber- als auch aus Arbeitgebersicht die Unternehmens-Website und die Online-Stellenbörsen. Auch wenn Social-Media-Anwendungen wie beispielsweise XING bisher noch nicht häufig verwendet werden, so ist ein Anstieg im Vergleich zu den Vorjahren bereits jetzt zu verzeichnen und kann in den kommenden Jahren auch weiterhin erwartet werden.

Im Gesundheits-und Sozialbereich heißen die aktuellen Trends ebenfalls Unternehmens-Website und Online-Stellenbörse. Kein Unternehmen, auch kein soziales, kann es sich in Zeiten, in denen nahezu jeder einen Online-Zugang besitzt, erlauben, keine digitale Präsenz zu zeigen. Die Themen Mobile Recruiting und Social Media stoßen auch im Sozialbereich auf Interesse. Jedoch wurden über Social-Media-Kanäle tatsächlich die wenigsten Einstellungen generiert. Um Rekrutierungserfolge erzielen zu können, muss v.a. die Basis dafür geschaffen sein, d.h. dass die Imagepflege des eigenen Betriebes sowie die Öffentlichkeitsarbeit stetig im Fokus der Unternehmensverantwortlichen stehen.

Die Erkenntnisse dieser Arbeit wurden bisher anhand verschiedener Literatur bzw. Studien theoretisch herausgearbeitet. Im folgenden Kapitel wird anhand zweier Experteninterviews verdeutlicht, wie sich angewandte Recruiting Tools, Fachkräftemangel und aktuelle Entwicklungen in der Praxis von Sozialunternehmen darstellen.

6. Experteninterviews

In diesem Kapitel geht es um den Einbezug von praktischem Expertenwissen in die Arbeit.

Es erscheint mir sinnvoll, vor meinem abschließenden Fazit und nach den in den vorherigen Teilen dargelegten theoretischen Klärungen und der Aufarbeitung der empirisch gehaltvollen Literatur sowie meiner eigenen Erfahrungen im Bereich des Personalmarketings und Personalmanagements aktuelle Arbeitsverfahren von Praktikern zu berücksichtigen.

Ich habe dazu zwei mittelgroße soziale Dienstleistungsunternehmen ausgewählt und in Interviews mit jeweils einer Führungskraft mich bei den Fragen auf diejenigen Aspekte der effizienten Einwerbung von Fachkräften konzentriert, die ich besonders in praktischer Hinsicht für bedeutsam halte.

Bei den für das Interview ausgewählten Unternehmen handelt es sich zum einen um den pme Familienservice[399] und zum anderen um die Arbeiterwohlfahrt Fürstenwalde e.V.[400]

Der pme Familienservice unterstützt im Auftrag von mehr als 700 Arbeitgebern Mitarbeiter darin, Privatleben und Beruf gelungen miteinander zu vereinbaren. So bietet die Familienservice-Gruppe Berufstätigen Hilfe an mehr als 70 Orten in Deutschland und Tschechien bei z.B. Konflikten am Arbeitsplatz oder bei der Suche nach Betreuungsplätzen für die eigenen Kinder an. Dabei hat der Familienservice selbst in über 60 Kinderbetreuungs- und Bildungseinrichtungen pädagogische Angebote. 1800 eigene Mitarbeiter sowie zusätzlich zahlreiche Beschäftigte in den Kooperationsstandorten in Deutschland, Österreich und der Schweiz sowie Experten aus verschiedenen Fachbereichen arbeiten für den pme Familienservice. Die Anfänge des Familienservice gehen auf Gisela Erler im Jahr 1991 zurück. Die Sozialwissenschaftlerin vom Deutschen Jugendinstitut wurde damals von BMW beauftragt, ein Kinderbetreuungsmodell zu entwickeln, dass speziell auf die Angestellten des Automobilherstellers zugeschnitten ist. So entstand 1992 das Kinderbüro als Angebot für alle BMW-Mitarbeiter. 1998 wurde

---

[399] vgl. pme Familienservice o.J. 1
[400] vgl. AWO Fürstenwalde o.J.

das Unternehmen in die pme Familienservice GmbH überführt und betreibt auch heute noch für größere Unternehmen Betriebskindergärten.[401]

Die Arbeiterwohlfahrt gehört zu den sechs Spitzenverbänden der Freien Wohlfahrtspflege in Deutschland. In den Einrichtungen der Arbeiterwohlfahrt (AWO) wird sich für alle Menschen engagiert, die auf Unterstützung angewiesen sind. Mitglieder der AWO als Ehren- und Hauptamtliche wirken in unserer Gesellschaft bei der Bewältigung sozialer Probleme und Aufgaben mit und verwirklichen somit den demokratischen sozialen Rechtsstaat.[402] Die Arbeiterwohlfahrt Kreisverband Fürstenwalde e.V. wurde am 24.08.1990 gegründet. 300 Mitarbeiter aus den Berufsgruppen Erzieher, Altenpflege, Sozialarbeiter/Sozialpädagogen, Heilpädagogen, Gesundheits- und Krankenpfleger, Hebammen und Psychologen werden in den unterschiedlichen Bereichen der Kinder- und Jugendhilfe, der Altenpflege, der Behindertenhilfen, der Suchtberatung, in Eltern-Kind-Zentren sowie in Ortsvereinen und Seniorenclubs, in Mehrgenerationshäusern sowie in medizinischen Vorsorgeeinrichtungen für Schwangere fest eingesetzt.[403]

Die Fragen und Antworten der Interviews sind im Anhang angefügt. Bei der Methodik habe ich mich im Wesentlichen an das Modell von Michael Haller gehalten, das darauf abzielt, Expertenwissen zu offenen Fragen zu generieren. Die Befragung von Fachleuten als Sachkundige zu einem strittigen bzw. unklaren Thema gehört zu den häufigsten und informativsten Interviewformen.[404] Dabei ist die Fachkompetenz der Befragten unstrittig. Ihre Darlegungen zum Thema sind anschaulich, konkret und allgemein verständlich.[405] Experten sind Personen,

„die sich – ausgehend von spezifischem Praxis- oder Erfahrungswissen, das sich auf einen klar begrenzten Problemkreis bezieht – die Möglichkeit geschaffen haben, mit ihren Deutungen das konkrete Handlungsfeld sinnhaft und handlungsleitend zu strukturieren."[406]

Der Interviewer stellt naheliegende Fragen zum Thema und aus Sicht der Leserschaft. Die Aufklärung bzw. Deutung von Sachverhalten oder Vorgängen sind wesentliche Ziele von Experteninterviews.[407]

---

[401] vgl. pme Familienservice o.J. 2
[402] vgl. AWO Bundesverband e.V. o.J.
[403] vgl. AWO Fürstenwalde o.J.
[404] vgl. Haller 2013, S. 179
[405] vgl. ebd.
[406] Bogner u.a. 2002, S.45
[407] vgl. Haller 2013, S. 179

Als Erhebungsinstrument für die Interviews wurde ein Interviewleitfaden mit vier vorgegebenen Themenblöcken und offenen Fragen erstellt.[408] Diese Standardisierung ermöglicht eine Vergleichbarkeit der beiden Interviews und erleichtert die Auswertung. Ziel des Leitfadens ist ein natürlicher Gesprächsverlauf mit offenen, sehr allgemein gefassten Fragen.

Die Interviewpartner waren Frau H. vom pme Familienservice in Berlin und Michael Pieper, Geschäftsführer der Arbeiterwohlfahrt im Kreisverband Fürstenwalde. Die meisten Antworten beider Interviewpartner haben die in den ersten Kapiteln meiner Arbeit behandelten Aspekte bestätigt, wozu insbesondere das Ausbleiben gut qualifizierter Fachkräfte gehört. Sowohl Frau H. als auch Herr Pieper erleben den Fachkräftemangel schon heute in ihren Einrichtungen. Herr Pieper verzeichnet insbesondere in den Bereichen Heilerziehungspfleger für die stationäre bzw. ambulante Behindertenhilfe, Erzieher für Kindertagesstätten sowie für die stationäre Jugendhilfe und im pflegerischen Bereich eine qualitativ und quantitativ unbefriedigende Bewerberlage.[409] Die Besetzung der Stellen in Berlin bei Frau H. scheint dabei weniger problematisch zu sein als bei Herrn Pieper in Brandenburg. Junge Leute, die mit der Ausbildung fertig werden, siedeln sich zumeist eher in den Szene-Bezirken Berlins an und suchen demzufolge auch dort ihre Jobs. Was den in den ersten Kapiteln beschrieben Fachkräftemangel bestätigt, ist die Aussage Herrn Piepers, dass alle Bewerbungen, die er erhält, aus bestehenden Arbeitsverhältnissen heraus erfolgen. Arbeitslose Bewerber hat die AWO Fürstenwalde nicht.

Auffällig war bei beiden Unternehmen, dass zur Steigerung der eigenen Attraktivität in Zeiten des Fachkräftemangels Bewerbern bzw. bestehenden Mitarbeitern Benefits angeboten werden. So zahlt die AWO Fürstenwald Urlaubs- und Weihnachtsgeld, gewährt 32 Tage Urlaub im Jahr und sorgt außerdem dafür, dass alle Mitarbeiter einen Kitaplatz für ihre Kinder erhalten.[410]

Einiges an aktuellen Aussagen über die Einwerbungspraxis war in gewisser Weise abweichend vom Konsens in der Literatur. Das betraf v.a. die Aussagen Herrn Piepers, der einige Plattformen zur Rekrutierung von Personal in der Sozialwirtschaft gänzlich als zielführend nach seinen Erfahrungen ausschloss, dafür aber gezielt und sehr erfolgreich Printmedien zur Einwerbung von Personal nutzt.[411] Während Herr Pieper

---

[408] vgl. Meuser/Nagel 2010, S.464
[409] vgl. Pieper 2016, Anhang Nr. 3
[410] vgl. Pieper 2016, Anhang Nr. 3
[411] vgl. ebd.

eher die klassischen Instrumente zur Personalbeschaffung, wie z.B. die eigene Website, Veröffentlichungen im kostenlosen Anzeigenblatt oder die Bundesagentur für Arbeit nutzt, ist der pme Familienservice sehr stark in den sozialen Medien vertreten und
hat eigenes Personal, das sich um die Auftritte auf den diversen Plattformen kümmert.[412] Beide Unternehmen gewähren Mitarbeitern, die durch Empfehlungen zu
neuem Personal verhelfen, eine Prämie. Demnach zeigt sich auch bei den Praktikern,
dass die Mitarbeiterempfehlung im Health-Care-Bereich ein bedeutsames Instrument
darstellt. XING wird von Herrn Pieper – entgegen der Statistik – als erfolgloses Rekru-
tierungsinstrument im medizinisch-sozialen Bereich angesehen.[413]

Herr Pieper denkt, dass es auch zukünftig immer schwierig bleiben wird, Menschen für
soziale Berufe zu gewinnen. Wenn die demografische Entwicklung so bleibt und immer
weniger Menschen bestimmte Berufe ausüben wollen, dann muss, so Pieper, dafür
gesorgt werden, dass Personen, welche die eigentliche Qualifikation zur Ausübung
eines Berufes nicht haben, ihn dennoch ausüben können.[414] Der Bedarf an Kitaplätzen
oder Plätzen in Altenpflegeheimen ist groß – nur leider fehlt qualifiziertes Personal.
Das bedeute aber auch, dass diese Leute innerhalb des Jobs erst qualifiziert werden
müssen. Diese Qualifikation brauche Zeit für die Einarbeitung dieser Mitarbeiter – Zeit,
die Leitungskräfte nicht zur Verfügung haben.[415] Der Fakt, dass vermeintlich jede Person, ob gelernt oder ungelernt, soziale Berufe ausüben kann, sei der Attraktivität und
des Ansehens des Berufsstandes sowie bezüglich der angebotenen Qualität für die
Kunden nicht dienlich.

Insgesamt waren die Darstellungen aus dem Leben der Betriebe eine plastische Be-
reicherung und ein Gewinn an Einsichten zu praktischen Erfolgskompetenzen. Deshalb werde ich die wichtigsten Aussagen der beiden Interviewpartner jeweils zu den
inhaltlich passenden Teilen des Fazits einfügen.

---

[412] vgl. Frau H. 2016, Anhang Nr. 2
[413] vgl. Pieper 2016, Anhang Nr. 3
[414] vgl. ebd.
[415] vgl. ebd.

7. Zusammenfassung und Ausblick

Bevor ich die Ergebnisse meiner Arbeit zusammenfasse und einige Folgerungen daraus entwickle, seien Voraussetzungen für eine erfolgreiche Personaleinwerbung genannt, die mir im Laufe meiner Recherchen deutlich geworden und die auch an einigen Stellen schon zur Sprache gebracht worden sind.

Das ist erstens eine solide, anerkannte und erfolgreiche unternehmerische Arbeit und zweitens eine ebenfalls über den eigenen Betrieb hinaus bekannte und geschätzte Mitarbeiterführung und ein gutes Betriebsklima.

Der Erfolg der eigentlichen Personalwerbung im engeren Sinne hängt sehr davon ab, kann das aber nur indirekt beeinflussen zum Beispiel als Feedback bei erfolglosem Suchen, das mit entsprechenden Defiziten, z. B. vor allem einem öffentlich bekannten schlechten Betriebsklima, zu tun hat.

Notwendige persönliche Voraussetzungen bei der Personaleinwerbung selbst sind Kompetenzen der damit Betrauten, nämlich

1. Markt- und Branchenkenntnis,

2. genaue Kenntnis des eigenen Betriebs,

3. auf Erfahrung beruhende Menschenkenntnis.

Die Fachkräftesuche selbst baut auf diesen Voraussetzungen auf, wobei mir zwei Einsichten für die erfolgreiche Praxis wichtig sind: dass vor der Werbung genau gewusst wird, wen man wofür mit welchen Qualifikationen und Kompetenzen sucht und welche Konzessionen man bereit ist einzugehen, die später mit Nachqualifikationen kompensiert werden können. Und, noch wichtiger, dass man sich bewusst ist, dass es keinen Königsweg gibt, sondern man die ganze Bandbreite der Strategien, Wege, Möglichkeiten und Instrumente vor Augen hat und je nach Einzelfall sich ihrer bedient. Selbstverständlich sollten gute und schlechte Erfahrungen auch vernünftig verarbeitet werden; die Evaluation früherer Einwerbungen im Vergleich mit den Arbeitsergebnissen dieser Fachkräfte dürfte ein praktikables Instrument genauso sein, wie der stetige Vergleich damit, wie Wettbewerber in dieser Hinsicht vorgehen.

Diese Einsichten lassen keine Eindeutigkeit bei der Antwort auf meine eingangs formulierte Fragestellung nach den besten Instrumenten bei der Personalwerbung zu, weil jeder Einwerbungsfall anders liegt und die Situationen spezifisch sind, so dass bei Kenntnis der Tools unter den vorhandenen Möglichkeiten klug ausgewählt werden sollte. Dabei dürften auch immer die Kosten eine Rolle spielen, insbesondere bei kleinen Betrieben. Ich werde im Folgenden zusammenfassen, was es für sinnvolle und erfahrungsgemäß erfolgreiche Möglichkeiten der Fachkräftewerbung gibt und sie klassifizieren und einordnen samt ihrer Stärken und Schwächen. Die konkrete Bezugnahme auf den Einzelfall kann aber nur von den jeweiligen Praktikern sinnvoll geleistet werden.

7.1 Zusammenfassung

Ziel dieser Masterarbeit war es, mithilfe in der Literatur dargestellter und von mir verarbeiteter sowie eigener Erfahrungen, statistischer und empirischer Daten und zwei Experteninterviews herauszufinden, mit welchen Herausforderungen deutsche Sozialunternehmen in Bezug auf die Personalbeschaffung und in Zeiten des Fachkräftemangels aktuell konfrontiert sind. Dabei wurde der Fokus besonders auf die gegenwärtige Nutzung verschiedener Recruiting Tools und die sich daraus ergebenden zukünftigen Entwicklungen gelegt.

Strukturelle Einflüsse und Veränderungen, wie der demografische Wandel, der Fachkräftemangel oder der Wertewandel, erschweren die Rekrutierung geeigneter Fachkräfte (nicht nur) für sozialwirtschaftliche Unternehmen. Die seit einigen Jahren erfreuliche Wirtschaftsentwicklung mit dem parallelen Anstieg von sozialversicherungspflichtigen Vollzeitstellen und dem damit verbundenen stetigen Sinken der Arbeitslosigkeit sind wesentlicher struktureller Grund für den Fachkräftemangel.

Die Anzahl der Fachkräfte, die aus dem Berufsleben ausscheiden, wird in den kommenden Jahren erheblich zunehmendem gegenüber steht jedoch eine recht knappe Bewerberzahl jüngerer Menschen, speziell die der Generation Y und zukünftig die der Generation Z, die sich in ihrem Mediennutzungsverhalten, aber insbesondere auch in ihrer Einstellung zum Thema Arbeit deutlich von den vorherigen Generationen unterscheidet.

Unternehmen dürfen nicht den Fehler machen und zurücklehnend beobachten, wie sich die Situation am Arbeitsmarkt verändert. Sie müssen viel mehr eigene Überlegungen anstellen, wie sie auf diese Veränderungen reagieren können. Voraussetzungen für eine erfolgreiche Personalbeschaffung sind dabei eine wertschätzende Mitarbeiterführung und ein gutes Betriebsklima. Flache Hierarchien, Vereinbarkeit von Beruf und Familie, Karrieremöglichkeiten sowie das Angebot von Fort- und Weiterbildungen heben beispielsweise das Ansehen eines Unternehmens aus Bewerbersicht. Denn wenn interne Rahmenbedingungen nicht stimmig bzw. attraktiv genug sind, werden Konkurrenzunternehmen die Chance der Ab- bzw. Anwerbung von Fachkräften nutzen.

Es zeigt sich gegenwärtig eine Entwicklung, dass Unternehmen nicht mehr nur ausschließlich an eine kurzfristige Stellenbesetzung denken, sondern neue Herangehensweisen für eine langfristige Stellenbesetzung umgesetzt werden.

Erfolgreiches externes Personalmarketing in deutschen (Sozial-) Unternehmen erfolgt demnach heutzutage auf zwei Wegen:

1. Kurzfristige Stellenbesetzung mit Hilfe verschiedener Recruiting Tools und
2. Langfristige Stellenbesetzung mittels Employer Branding

2015 gaben die 300 größten Unternehmen des Health-Care- Branche an, dass die Deckung des Personalbedarfs schwierig sein wird: fast ein Drittel der prognostizierten Vakanzen seien nur schwer zu besetzen und 3% der offenen Stellen blieben gänzlich unbesetzt.[416] Die zwei befragten Sozialunternehmen aus den Interviews bestätigten diese Aussage größtenteils. So hat Herr Pieper, Geschäftsführer der Arbeiterwohlfahrt im Kreisverband Fürstenwalde, besonders im Erzieherbereich- und hier insbesondere in den Kindertagesstätten und in der stationären Jugendhilfe- sowie im Bereich der Heilerziehungspflege für die ambulante und stationäre Behindertenhilfe und weiterhin in der Kranken-, Gesundheits- und Altenpflege Beschaffungsprobleme.[417] Sozialarbeiter und Sozialpädagogen lassen sich laut Herrn Pieper finden, hier gibt es jedoch ein Qualitätsproblem. Das, was die AWO Fürstenwalde gern als Standard hätte, gibt der Markt im Bereich der Sozialarbeiter/Sozialpädagogen nicht ohne weiteres her.[418] Gerade in Brandenburg spürt Herr Pieper die Konkurrenz zu den Einrichtungen in Berlin.

> *„Die jungen Leute, die mit der Ausbildung fertig werden, wollen lieber in Friedrichshain wohnen und nicht in Gosen. Also suchen die sich einen Job im Friedrichshain, da gibt es auch einen Fachkräftemangel und sie bekommen dort auch einen Job."[419]*

Frau H. vom pme Familienservice in Berlin berichtet von keinem akuten Stellenbesetzungsproblem. Ebenso wie Herr Pieper ist auch für sie die Lage der Einrichtungen ein deutliches Attraktivitätsmerkmal. Einrichtungen, die zu weit außerhalb liegen, wären für Bewerber eher uninteressant, erklärte Frau H.[420]

---

[416] vgl. Weitzel u.a. 2015, S. 28
[417] vgl. Pieper 2016, Anhang Nr. 3
[418] vgl. ebd.
[419] Pieper 2016, Anhang Nr. 3
[420] vgl. H. 2016, Anhang Nr. 2

Beide Interviewpartner sehen auch in den kommenden Jahren keine Verbesserung der Entwicklung bezüglich der Fachkräftesuche. Kostenfreie Kinderbetreuung und verbesserte Betreuungsschlüssel machen zwar einerseits das Berufsfeld attraktiver, verbessern aber nicht die Situation[421], denn es

> *„nutzt nämlich nichts, wenn etwas zwar nichts mehr kostet, ich es aber auf der anderen Seite auch nicht mehr bekomme.[...] Und wenn der Betreuungsschlüssel immer besser gemacht wird, [...] brauche ich weiterhin immer mehr Personal, was es schlichtweg nicht gibt."*[422]

Jene Unternehmen, bei denen die Rekrutierung geeigneter und qualifizierter Arbeitskräfte erfolgreich ist, haben die strategischen Themen Personalbeschaffung und Personalmarketing priorisiert. Ein Teil des Erfolges liegt darin begründet, dass die Geschäftsführung gemeinsam mit den Personalverantwortlichen diese Themen auf die Agenda der unternehmerischen Aktivitäten setzen. Der Kampf mit der Konkurrenz um die besten Fach- und Führungskräfte verstärkt sich und die Arbeitgeber werden zunehmend in die Rolle versetzt, selbst aktiv nach neuem Personal zu suchen. Unternehmen, die bereits heute umdenken und auf aktive Ansätze in der externen Personalbeschaffung setzen, werden erfolgreich in diesem Wettbewerb sein. Passive Kandidaten- also jene, die gegenwärtig nicht auf Stellensuche sind- können mit aktiven Suchstrategien erreicht werden.

Unterschiedlichste Rekrutierungsinstrumente finden dabei Verwendung. Der allgemeine Rekrutierungs-Trend deutscher Unternehmen ist stark auf internetbasierte Instrumente fokussiert. Klassische Beschaffungswege wie z.B. Stellenanzeigen in Printmedien erreichen längst nicht mehr die breite Masse an Bewerbern, die Unternehmen ansprechen wollen.

Zu den klassischen Tools der externen Personalbeschaffung gehören:

> ➤ Die **Bundesagentur für Arbeit**, welche Unternehmen v.a. aus personeller und finanzieller Sicht erhebliche Vorteile bietet. Sowohl die Beratung als auch die Vermittlung der Stellen ist kostenfrei. Als Nachteil kann die Langfristigkeit der Stellenbesetzung angesehen werden. Außerdem ist der persönliche Kontakt zu einem Ansprechpartner nicht jederzeit gewährleistet.

---

[421] Vgl. H. 2016, Anhang Nr. 2 , vgl. Pieper 2016, Anhang Nr. 3
[422] Pieper 2016, Anhang Nr. 3

➢ Die **Stellenanzeigen in Printmedien**, die Dank ihrer großen Verbreitung auch diejenigen erreichen, die aktuell nicht auf Stellensuche sind. Die kurze Publikationszeit kann jedoch als stark nachteilig angesehen werden.

➢ Die **Mitarbeiterempfehlung**, welche besonders durch eine geringe Frühfluktuation gekennzeichnet ist. Bei dieser Personalbeschaffungsmethode entsteht den Unternehmen weder ein personeller noch ein finanzieller Aufwand. Als Nachteil kann bewertet werden, dass es durchaus zu „falschen" Empfehlungen kommen kann.

➢ Das **Schul-, Berufsschul- und Hochschulmarketing** bzw. Rekrutieren auf **Messen**, was sich besonders durch geringe Streuverluste auszeichnet. Der persönliche Erstkontakt wird hierbei als besonders positiv gewertet, jedoch stellen der personelle als auch der finanzielle Aufwand einen Nachteil dar. Weiterhin erreicht man über diesen Weg zumeist nur Absolventen, was den Bewerberkreis deutlich eingrenzt.

➢ Das **Headhunting** und die **Personalberater**, zeichnen sich durch eine hohe Reichweite aus. Die Vorauswahl der Kandidaten- mit zumeist höherer Qualitäterfolgt durch einen Berater und bietet den Unternehmen einen zeitlichen Vorteil. Die Honorare der Berater werden jedoch häufig als negativ bewertet, wenngleich die Beauftragung eines Personalberatungsunternehmens trotz der hohen Prämien zeit-und kostensparend sein kann, da die Unternehmen selbst oft nicht über die notwendige fachliche und marktbezogene Expertise verfügen.

➢ Das **Personalleasing**, welches sich von den anderen Tools insofern abhebt, als dass es zu keiner Einstellung kommt. Der Vorteil des Leasings liegt in der zeitlichen Flexibilität. Als nachteilig können die höheren Kosten, die durch die Leihgebühren zustande kommen, angesehen werden.

Zu den internetbasierten Tools der externen Personalbeschaffung gehören:

➢ Die **Unternehmenswebsite**, die eine schnelle und unverbindliche Kontaktaufnahme ermöglicht. Mittels Email oder Onlineformularen ist eine schnellere Bewerberauswahl möglich. Wird die Vakanz ausschließlich auf der Website veröffentlich, wird es jedoch v.a. für kleinere bzw. unbekannte Unternehmen schwierig: die veröffentlichte Stellenanzeige würde sehr wahrscheinlich nur von wenigen Bewerbern gelesen.

➢ Die **Internet-Stellenbörsen** und **Suchmaschinen**, welche zumeist eine breite Masse von Bewerbern erreichen. Der größte Vorteil dieser Suchmaschinen liegt in der großen Verbreitung der Vakanzen und in der komfortablen Suchfunktion. Dass keine Direktansprache möglich ist, kann als großer Nachteil angesehen werden. Weiterhin muss man mit Bewerbungen auch ungeeigneter Kandidaten rechnen und der finanzielle Aufwand kann relativ hoch sein.

➢ Das **Mobile Recruiting**, bei dem es darum geht, den Sprung vom Desktop-PC auf die mobilen Endgeräte der gewünschten Zielgruppe v.a. auch im Bewerbungsprozess zu schaffen. Gerade die jüngeren Generationen sind – auch bei der Stellensuche- stark mobil orientiert. Die Erreichbarkeit der jungen Zielgruppe könnte mittels Mobile Recruiting enorm gesteigert werden. Die Schnelligkeit der Kommunikation, die via Smartphone oder Tablet ermöglichst wird, ist ein großer Vorteil des Mobile Recruitings. Als nachteilig kann angesehen werden, dass die Darstellung der Inhalte an ein kleineres Display (für Smartphone z.B.) angepasst werden muss. Weiterhin muss die Datenmenge relativ klein gehalten werden. Für die Pflege der mobilen Anwendungen braucht man zusätzliches Personal, was häufig als Nachteil angesehen wird und für kleinere Betriebe ohne entsprechendes Budget nicht umzusetzen ist.

➢ Das **Recruitainment**, welches den „Spieltrieb" im Rahmen der Personalbeschaffung nutzt. Zusammengesetzt aus den Wörtern Recruiting und Entertainment geht es beim Recruitainment darum, Informationen zum Unternehmen im Sinne des Employer Branding spielend zu vermitteln. Für die Besetzung dringender vakanter Position eignet sich diese Methode nicht. Im Sinne der Unternehmenspräsentation und der Imagepflege- also der langfristigen Stellenbesetzung mittels Employer Branding- könnten hier jedoch potentielle Fachkräfte für zukünftige Vakanzen gewonnen werden.

➢ **Social-Media- Anwendungen,** die einen schnellen und unkomplizierten Austausch ermöglichen. Gerade für kleinere und unbekanntere Unternehmen ist eine Social-Media-Präsenz empfehlenswert, denn hier besteht die Chance, sich einer breiten Masse zu präsentieren. Personen, die aktuell keinen Wechselwunsch hegen, erhalten die Möglichkeit, sich unverbindlich über die Unternehmen zu informieren, was wiederum einen möglichen Stellenwechsel nach sich ziehen könnte. Mit Hilfe von Social-Media-Kanälen kann zeitnah und kostengünstig Personal geworben werden. Ein weiterer Vorteil liegt darin, genau dort kommunizieren zu können, wo sich die Zielgruppe aufhält. Der größte Vorteil in der Nutzung von Social Media liegt in der Erweiterung des Bekanntheitsgrades, in der Gewinnung von Kunden und in der Netzwerkarbeit.[423] Der hohe personelle und zeitliche Aufwand wird jedoch als stark nachteilig angesehen. Weiterhin muss mit datenschutzrechtlichen Fragen sensibel umgegangen werden und die Gefahr von Kontrollverlust oder „Shitstorm" darf nicht außer Acht gelassen werden.

---

[423] vgl. Hilker 2012, S. 20

Betrachtet man die allgemeine Entwicklung in der Personalrekrutierung sozialwirt-schaftlicher Unternehmen in Deutschland, so kann festgehalten werden, dass nahezu jede Vakanz auf der eigenen Unternehmenswebsite und ca. sieben von zehn offene Stellen in Internet-Stellenbörsen veröffentlicht werden. Die meisten Einstellungen konnten im medizinisch-sozialen Bereich mit einer Stellenanzeige in einer Online-Stellenbörse, gefolgt von der Unternehmenswebsite generiert werden. Printmedien und Social Media versprachen eine eher weniger erfolgreiche Rekrutierung neuer Mit-arbeiter im medizinisch-sozialen Sektor.[424] 7,0 % der Einstellungen werden über die Bundesagentur für Arbeit und 6,9% über Mitarbeiterempfehlungen generiert.

Die Experten aus den Interviews schilderten aus ihrer Sicht etwas abweichende Erfah-rungen.

So nutzt Herr Pieper am effektivsten die kostenlosen Anzeigenblätter, die zweimal wö-chentlich den Haushalten zugestellt werden.[425] Die eigene Homepage und die Bundes-agentur für Arbeit sind weitere Kanäle, die erfolgreich genutzt werden.[426] Weiterhin wird jede vakante Stelle in der Karriereplanungsbörse der Alice Salomon Hochschule in Berlin veröffentlicht.[427]

Sowohl die AWO Fürstenwalde als auch der pme Familienservice legen großen Wert auf die Empfehlungen geeigneter Fachkräfte durch die Mitarbeiter. Hierbei werden den Mitarbeitern- beim pme Familienservice sogar den Eltern- Prämien für jede erfolgrei-che Vermittlung gezahlt.[428]

Obwohl durch die Nutzung verschiedenster Social-Media-Kanäle nur sehr wenige Ein-stellungen generiert werden, werden diese Kanäle dennoch häufig- an dritter Stelle nach der Unternehmenswebsite und den Onlinestellenbörsen- von den medizinisch-sozialen Branchen zum Rekrutieren genutzt. Dabei wird XING zumeist zur Schaltung von Stellenanzeigen und Facebook zur Imagewerbung genutzt.

Der pme Familienservice ist stark in den sozialen Medien vertreten. Hierfür gibt es Mitarbeiter, die sich um den Aufbau und die Pflege der Plattformen kümmern.[429] Vor allem auf Facebook, Twitter und XING werden regelmäßig offene Stellen publiziert.[430]

---

[424] vgl. Weitzel u.a. 2015, S. 29
[425] vgl. Pieper 2016, Anhang Nr. 3
[426] vgl. ebd.
[427] vgl. ebd.
[428] vgl. Pieper 2016, Anhang Nr. 3, vgl. Frau H. 2016, Anhang Nr. 2
[429] vgl. H. 2016, Anhang Nr. 2
[430] vgl. ebd.

Die AWO Fürstenwalde als Ortsverband verfügt nicht über ausreichend finanzielle Mittel, Personal mit den Social-Media-Auftritten zu betrauen- deshalb werden Social-Media-Aktivitäten gemeinsam mit den Bezirksverbänden im Rahmen der Öffentlichkeitsarbeit oder zur Publizierung offener Stellen genutzt.[431] XING wird von der AWO Fürstenwalde gar nicht genutzt- interessant könnte es für Herrn Pieper erst dann werden, wenn es um Karrierestellen geht. In den meisten Fällen hält er Stellenangebote aus der Sozialbranche dort für deplatziert.[432]

Allgemein kann man feststellen, dass zumeist ein Instrumenten-Mix, d.h. die Verwendung von unterschiedlichen Rekrutierungskanälen, erfolgsversprechender dabei ist, die passgenaue Zielgruppenansprache zu begünstigen. Am erfolgreichsten werden dabei zukünftig jene Tools sein, die auf eine persönliche Ansprache zwischen den Bewerbern und den Unternehmen abzielen.

> *„Die demografische Entwicklung und der damit verbundene Fachkräftemangel machen es erforderlich, auf die Kommunikationsbedürfnisse jüngerer Zielgruppen stärker Rücksicht zu nehmen. Der Arbeitsmarkt wird in den nächsten Jahren zunehmend zu einem Käufermarkt, in dem die Bewerber, nicht die Unternehmen die Regeln definieren."[433]*

Die jungen Generationen bzw. zukünftige Generationen werden direkter und offener mit und v.a. über ihre Arbeitgeber kommunizieren. Jene Unternehmen werden letztlich erfolgreich sein, die einen direkten Zugang zu dieser Zielgruppe finden können.

Auch die Auswahlprozesse sollten den Bedürfnissen der jungen Generation angepasst werden. Speziell bei jungen Bewerbern und dann Eingestellten hat die Maschinenfabrik Trumpf beispielsweise ihre Erfahrungen systematisiert mit dem Ergebnis, dass sie im Auswahlprozess nur noch wenig Wert auf Noten und Zeugnisse legt, sondern selbst Prüfmethoden anwendet, die auf die betriebliche Realität anwendbar sind. Eine Begründung ist, dass z. B. Zuverlässigkeit, Konzentration bei der Aufgabenerfüllung und räumliches Denken nicht in Schulen und Hochschulen gelehrt werden.[434] Eine solche erfahrungsgesättigte Systematik hätte sicherlich auch positive Auswirkungen auf die Formulierungen der Einwerbepraxis und die angewandten Tools bei der Suche.

Gerade die zukünftigen Arbeitnehmer, die Generation Z, wächst von Geburt an mit mobilen Endgeräten, digitalen Neuerungen und Selbstvermarktung mit Hilfe sozialer

---

[431] vgl. Pieper 2016, Anhang Nr. 3
[432] vgl. ebd.
[433] Hesse 2012, S. 247
[434] vgl. Bös/ Schmale 2016, S. C1

Netzwerke auf. Dieses veränderte Verhalten haben viele Unternehmen leider immer noch nicht in ihrer Zielgruppenansprache berücksichtigt und zeigen sich im Umgang mit Social-Media-Kanälen kaum einfallsreich oder aufgeschlossen. Hier gibt es für viele Sozialunternehmen aufgrund des neuen Internetnutzungsverhaltens potenzieller Arbeitnehmer dringend Handlungsbedarf.

Die vorliegenden Studien zeigten, dass jene Tools, die von Unternehmen am häufigsten verwendet wurden, nicht zwangsläufig diejenigen waren, welche die meisten Einstellungen generierten. Die Rekrutierungsinstrumente sind aber nur dann optimal kombiniert und ausgewählt, wenn der Personalbedarf mit minimalen Kosten realisiert werden kann und der am besten geeignete Kandidat identifiziert und eingestellt werden konnte.

Insbesondere bei der Suche nach Führungskräften müssen aber auch Sozialunternehmen notfalls die kostspielige Variante wählen und Headhunter bzw. Personalberater beauftragen.[435]

Besonders um schwierig zu besetzende Vakanzen entgegenzuwirken, bewähren sich aus Sicht der 300 größten deutschen Health-Care-Unternehmen eigene Ausbildungsmaßnahmen am ehesten.[436] Denn: Wer heute ausbildet, hat morgen Fachkräfte. Oder anders: Nicht besetzte Ausbildungsplätze, generieren den späteren Fachkräftemangel. Das deutsche duale Ausbildungssystem scheint gerade in einer Zeit in den Hintergrund geraten zu sein, wo es seine Stärken zeigen kann; z. B. aus amerikanischer Sicht sind Experten und Praktiker des Lobes voll von dieser deutschen Besonderheit.[437] In Politik und Medien hat es seit längerer Zeit eine starke Werbung für das akademische Studium gegeben, die übertrieben, weil für viele nicht passend, sein könnte -u. a. die Abbrecherquote an Hochschulen von rund. 25 % würde in diese Richtung weisen[438], weil viele junge Menschen eher an einer praktischen Berufsausbildung Interesse hätten, wenn die ihnen u. a. in der Schule nahegebracht worden wäre. Allerdings muss auch in dieser Hinsicht bedacht werden, dass sich die Demographie negativ auswirkt und die Zahl der Schüler stetig abnimmt. Gerade aber wegen dieser Realitäten sollte auf die Möglichkeiten stärker rekurriert werden, die berufliche Bildung zu stärken.[439]

---

[435] vgl. Arnold/ Grundwald/ Maelicke 2014, S. 874
[436] vgl. Weitzel u.a. 2015, S. 98
[437] vgl. Astheimer 2016, S.25
[438] In diesem Zusammenhang wird z. T. auch vermutet, dass das ein Anzeichen für eine falsche Berufswahl ist und die Alternative einer Ausbildung sinnvoller wäre. vgl. Giersberg 2016 a, S. 28
[439] vgl. Giersbach 2016 b, S. 28

Anzumerken sei auch, dass parallel mit der Nachfrage nach Fach- und Führungskräften auch die nach geringer Qualifizierten wächst. In den kommenden zwei Jahren wollen laut Dekra-Zeitarbeit-Report-2016 mehr als 50% der befragten Firmen neue Mitarbeiter einstellen, wobei auch Flüchtlinge in Frage kommen, mit denen über drei Viertel der Firmen gute Erfahrungen machten.[440]

Zusammenfassend kann festgehalten werden, dass eine intensive Imagepflege sowie ein langfristiges Personalmarketingkonzept, verbunden mit einer kontinuierlichen Öffentlichkeitsarbeit, auch bei sozialwirtschaftlichen Unternehmen die wichtige Basis einer erfolgreichen externen Personalrekrutierung bilden. Mut zur Veränderung, Einführung neuer Technik, ein fokussierter Blick auf die Bedürfnisse der Bewerber und auf aktuelle Trends sollten auch im sozialen Bereich aktuelle Themen sein.

7.2 Handlungsempfehlungen für Betriebspraktiker- Do´s & Don´ts

Aus den gewonnen Erkenntnissen und Erfahrungen dieser Arbeit, erschien es mir an dieser Stelle sinnvoll, einige Empfehlungen für Unternehmen in Form von Do´s & Don´ts herauszuarbeiten. Die kurzen Merksätze verstehen sich als Impulsgeber in einem effektiven Personalmanagement.

Do´s:

- ✓ Werden Sie aktiv! Stellen Sie Überlegungen an, wie Sie auf die Veränderungen auf dem Arbeitsmarkt reagieren könnten! Machen Sie sich aktiv auf die Suche nach den besten Kandidaten!
- ✓ Heben Sie das Ansehen Ihres Unternehmens als Voraussetzung für eine erfolgreiche Personalbeschaffung! Hierzu zählen:

  - eine wertschätzende Mitarbeiterführung
  - ein gutes Betriebsklima
  - flache Hierarchien
  - Vereinbarkeit von Beruf und Familie
  - Karrieremöglichkeiten
  - Möglichkeiten von Fort- und Weiterbildungen

---

[440] vgl. Härder 2016, S. 34

✓ Seien Sie sich vorher genau bewusst, wen Sie wofür mit welcher Qualifikation und mit welchen Kompetenzen suchen!

✓ Legen Sie Ihre Stellensuche/ Stellenbesetzung langfristig mit Hilfe eines guten Employer Branding an!

✓ Verwenden Sie unterschiedliche Rekrutierungsinstrumente und nutzen Sie bevorzugt jene, die auf einen persönlichen Kontakt zwischen Ihnen und den Bewerbern abzielen! Berücksichtigen Sie Ihre eigenen Erfahrungen!

Don´ts

✓ Warten Sie nicht passiv ab und fordern ausschließlich auf politischer Ebene! Arbeitgeber müssen in den heutigen Zeiten selbst aktiv werden und auf die Bewerber zugehen.

✓ Vernachlässigen Sie interne Rahmenbedingungen nicht! Die Konkurrenz ist gnadenlos und nutzt in Zeiten der Personalengpässe die Chance der An- bzw. Abwerbung!

✓ Denken Sie nicht nur an kurzfristig zu besetzende Stellen!

✓ Ignorieren Sie keinesfalls das neue Mediennutzungsverhalten der jungen Generation von Arbeitnehmern bei Ihrer Akquise!

✓ Verschließen Sie sich nicht vor Zielgruppen, an die Sie vielleicht vorher nicht gedacht haben:

- Flüchtlinge
- Arbeitnehmer aus dem Ausland
- geringer Qualifizierte
- Frauen, die nach längerer Pause wieder tätig sein möchten
- Senioren, die noch arbeiten können und über wertvolle Erfahrungen verfügen
- gerade in Sozialeinrichtungen könnte darauf geachtet werden, ob unter den ehrenamtlich Tätigen nicht einstellbare Fachkräfte sind

Ein wichtiger Punkt bei der Personalbeschaffung ist, dass neu eingeworbene Arbeitnehmer gut an den Betrieb angebunden werden, so dass sie der Firma möglichst lange erhalten bleiben. Die Frühfluktuation ist für viele Unternehmen immer noch ein großes Problem, der man mit einer gelungenen Mitarbeiterintegration und Mitarbeiterbindung durch Weiterentwicklung bei Kompetenzen und Aufgaben sowie effektiver Gesundheitsfürsorge, einem guten Betriebsklima und einigen Benefits für den Arbeitnehmer ggf. entgegenwirken kann.

7.3 Perspektiven und gesellschaftliche und politische Notwendigkeiten

Die Anzahl der Fachkräfte, die in den Ruhestand gehen, wird aufgrund der demografischen Entwicklungen in den nächsten Jahren deutlich zunehmen. Demgegenüber steht eine deutlich knappere Anzahl jüngerer Menschen, die dem Arbeitsmarkt verfügbar ist. Gegenwärtig und im Laufe der kommenden Jahre müssen sich deutsche Sozialunternehmen im Kampf um die besten Arbeitnehmer mit einem sich quantitativ und qualitativ verkleinerndem Arbeitsmarkt auseinandersetzen. Eine weitere Herausforderung im sozialen Bereich ist die zunehmende Anzahl an pflegebedürftigen und alternden Menschen, die einen erhöhten Bedarf an Pflegeplätzen ausmachen. Weiterhin steigt der Bedarf an unterschiedlichen Erziehungs- Familien- und Flüchtlingshilfen tendenziell an. Arbeitgeber delegieren diese Problematik an die Politik, verbunden mit den Forderungen, nach einer Lockerung der Einwanderung von qualifizierten Fachkräften, nach weiteren familienpolitischen Veränderungen sowie insbesondere Investitionen in die Ausbildung sozialer Berufe. Außerdem geht es nicht zuletzt um die Steigerung der Attraktivität durch finanzielle Anreize und bessere Konditionen sozialer Berufe. Mit Blick auf den zukünftigen Fachkräftemangel in Deutschland und die gegenwärtigen Engpässe sollten diese Forderungen auf politischer Ebene aufgenommen werden und zu langfristigen Veränderungen beitragen.

Das 2014 von der Bundesregierung mit den wichtigsten Gewerkschaften, der Bundesvereinigung der Deutschen Arbeitgeberverbände und der Bundesanstalt für Arbeit vereinbarte Programm „Partnerschaft für Fachkräfte in Deutschland" bestätigt ebenfalls die Personalbeschaffungsprobleme in einigen Berufen und Regionen und prophezeit eine Verschlimmerung der Schwierigkeiten aufgrund des demografischen Wandels.[441] Die Bundesagentur für Arbeit, die Kammern, die Sozialpartner, die Unternehmen und die Bundesregierung engagieren sich seit einigen Jahren, um die Sicherung der Fachkräfte zu ermöglichen. Dabei sollen v.a. vorhandene Potenziale noch mehr ausgeschöpft werden:

> *„Alle jungen Menschen brauchen einen Chance auf gute Ausbildung. Frauen, ältere Erwerbstätige, Geringqualifizierte und Menschen mit Migrationshintergrund sowie Zuwanderer wollen wir besser und dauerhaft in den Arbeitsmarkt integrieren."[442]*

---

[441] vgl. Bundesministerium für Arbeit und Soziales 2014, S. 1
[442] ebd.

Ziel sollte es sein, die Beschäftigungsfähigkeit jedes einzelnen Arbeitnehmers zu stärken und deren Ein- und Aufstiegsmöglichkeiten zu verbessern. Das Programm „Partnerschaft für Fachkräfte in Deutschland" möchte die Fachkräftepotenziale in den Betrieben als auch die Arbeitsmarktintegration der o.g. Gruppen durch folgende Ansätze
weiterhin verfestigen[443]:

> ➢ Vereinbarkeit von Familie und Beruf stärken- Bedürfnisse von Frauen und Fa-
>   milien berücksichtigen[444]
> ➢ Beschäftigung und Qualifizierung älterer Arbeitnehmer weiter voranbringen[445]
> ➢ Arbeitnehmer und Arbeitsuchende mit Migrationshintergrund fördern und „will-
>   kommen" heißen[446]
> ➢ Chancen für ausbildungsinteressierte Jugendliche und Spätstartende[447]
> ➢ Erhalt der Beschäftigungsfähigkeit und Gestaltung des Wandels in der Arbeits-
>   welt[448]

Laut Programm „Partnerschaft für Fachkräfte in Deutschland" setzen sich die Verant-
wortlichen dafür ein, dass Frauen (und Männer) verstärkter die Chance erhalten, eigene Arbeitszeitwünsche zu realisieren. Frauen sollen die Möglichkeit haben, das Ar-
beitsvolumen ausweiten zu können. Die Erwerbstätigenquote von Frauen könnte
dadurch erhöht werden, wenn man ihnen den Weg in den Beruf bzw. in den Beruf
zurück- z.B. nach einer Baby-oder Erziehungspause- erleichtert. Praxisnahe, passgenaue Beratungs-, Informations- und Qualifizierungsleistungen können Frauen beim
beruflichen Wiedereinstieg unterstützen.[449]

Die Fähigkeiten älterer Erwerbstätiger sind wertvolle Ressourcen. Berufliche Kompetenzen und Fertigkeiten müssen zur Sicherung der Fachkräftebasis auch von älteren
Arbeitnehmern regelmäßig erweitert und aktualisiert werden. Gleichermaßen gilt es,
verstärkt Angebote zu nutzen, um gering qualifizierte ältere Erwerbstätige oder Er-
werbslose zu qualifizieren. Hierfür gibt es spezielle Weiterbildungsprogramme der Ar-
beitslosenversicherung.[450]

---

[443] vgl. ebd., S. 2
[444] vgl. ebd., S. 2
[445] vgl. ebd., S. 3
[446] vgl. ebd., S. 4
[447] vgl. ebd., S. 6
[448] vgl. ebd., S. 6
[449] vgl. ebd., S. 2-3
[450] vgl. ebd., S. 4

Die „Anerkennungs- und Willkommenskultur" in Deutschland muss gestärkt werden, denn auch mittel- bis langfristig ist unser Land auf Zuwanderung im Rahmen der Fachkräftesicherung angewiesen. Dabei müssen Migranten eine Unterstützung beim Erlernen der deutschen Sprache erhalten. Die Bundesregierung bietet hierbei spezielle Integrationskurse an.[451] Weiterhin müssen im Ausland erworbene berufliche oder akademische Abschlüsse leichter in Deutschland anerkannt werden, sodass mehr Menschen „mit einem im Ausland erworbenen Bildungsabschluss einen Berufszugang oder eine Feststellung der Gleichwertigkeit des Abschlusses erlangen und ihnen damit eine bildungsadäquate Einmündung in den Arbeitsmarkt ermöglicht wird."[452]

Flüchtlinge und Asylbewerber, die für längere Zeit bzw. auf Dauer in Deutschland bleiben, sollten die Chance erhalten, ihre berufliche Qualifikation in den Arbeitsmarkt einbringen zu können. Eine in Deutschland benötigte Willkommenskultur zur internationalen Gewinnung von Fachkräften, muss kommuniziert werden. Das Willkommensportal „Make it in Germany"[453] informiert zuwanderungsinteressierte Fachkräfte im Ausland über das Leben und das Arbeiten in unserem Land.[454]

Ein wichtiges Ziel muss sein, dass alle Jugendlichen und Spätstartende eine Chance auf eine berufliche Ausbildung erhalten können. Für die Personengruppe der Geringqualifizierten müssen Qualifizierungsangebote passgenau zugeschnitten sein und weiterhin verstärkt ausgebaut werden. Dabei ist ein vollwertiger Abschluss im dualen Ausbildungssystem das vorrangige Ziel.[455]

Der Rückgang erwerbsfähiger Personen und älter werdende Belegschaften führt zur Notwendigkeit, alle Potentiale zu nutzen und dafür Sorge zu tragen, dass möglichst viele Arbeitnehmer motiviert, gesund und arbeitsfähig bleiben und weiterhin ausreichend qualifiziert sind. In den dynamischen Märkten müssen Unternehmen flexibel bleiben und sie sollten ihre Fachkräftesicherung damit unterstützen, indem sie sich als attraktive Arbeitgeber positionieren. Gleichermaßen verändern sich im Zuge des Wertewandels auch die Ansprüche der Arbeitnehmer. Die Sicherung der eigenen Beschäftigungsfähigkeit wird für Arbeitnehmer immer bedeutungsvoller. Für die Unternehmen bedeutet dies, dass sie sowohl offen und flexibel für die Karrierewünsche der Beschäftigten sind, als auch ihren Arbeitnehmern ein gesundes Arbeiten ermöglichen, um so

---

[451] vgl. ebd., S.4
[452] ebd., S. 5
[453] vgl. www.make-it-in-germany.com, o.S.
[454] vgl. Bundesministerium für Arbeit und Soziales 2014, S. 5
[455] vgl. ebd., S. 6

die Vereinbarkeit von Beruf und Familie der Beschäftigten bestmöglich realisieren zu können.[456]

Erschreckend stechen hierbei die Zahlen der hochbelasteten Pflegeberufe ins Auge: Mit einer Verweildauer in der Altenpflege von ca. 8,4 Jahren und in der Krankenpflege mit 7,5 Jahren, wird schnell klar, dass Arbeitgeber sowie Gesetzgeber zunehmend in der Pflicht sind, bessere Arbeitsbedingungen zu schaffen, um gute Fachkräfte für bestimmte Branchen langfristig zu gewinnen.[457] Eine Möglichkeit der personellen Engpässe entgegenzuwirken, wäre, Teilzeit-Arbeitnehmer für Vollzeitstellen zu motivieren.

Die Partnerschaft für Fachkräfte in Deutschland sieht vor dem Hintergrund bereits deutlich spürbarer Fachkräfteengpässe und der sich verändernden Arbeitswelt fünf Handlungsfelder[458]:

1. Gemeinsame Verständigung über Hemmnisse und Maßnahmen[459]
2. Dauerhafte Beschäftigungsfähigkeit der Arbeitnehmer sichern[460]
3. Die Qualität der Arbeit in den Betrieben weiter stärken[461]
4. Tarifliche Lösungen unterstützen[462]
5. Information, Vernetzung und Beratung[463]

Laut der Partnerschaft für Fachkräfte in Deutschland stimmen die Partner darin überein, dass es bereits viele Unterstützungsangebote und Handlungshilfen gibt.

Etwas kritisch könnte man hinterfragen, ob die Angebote der Bundesregierung gemeinsam mit den wichtigsten Gewerkschaften, der Bundesvereinigung der Deutschen Arbeitgeberverbände und der Bundesanstalt für Arbeit in der vergangenen Zeit auch wirklich so intensiv verfolgt wurden.

Neben diesen staatlichen Möglichkeiten bzw. Erfordernissen hinsichtlich der Rahmenbedingungen zur Verminderung des Fachkräftemangels- hier sind sämtliche öffentliche Hände, also auch Sozialversicherungen und die Kommunen mitgemeint-, bei denen der Staat als normative Instanz auftritt und mit diesen Maßnahmen das Angebot

---

[456] vgl. ebd., S. 7
[457] vgl. Deutscher Berufsverband für Pflegeberufe o.J.
[458] vgl. Bundesministerium für Arbeit und Soziales 2014, S. 8
[459] vgl. ebd., S. 8
[460] vgl. ebd., S. 8
[461] vgl. ebd., S. 9
[462] vgl. ebd., S. 9
[463] vgl. ebd., S. 10

an Fachkräften erhöht und verbessert, ist er auch Arbeitgeber. Als solcher wirkt er kurzfristig gegenläufig, weil eine Erhöhung der öffentlichen Nachfrage nach Fachkräften zunächst die Knappheit verstärkt und den Fachkräftemangel erhöht. Das ist jedoch lediglich ein kurzfristiger Effekt, denn langfristig verbessert z.b. ein personell gut ausgestattetes Bildungssystem die Qualifikationen der späteren Arbeitskräfte und damit das Volumen der gut ausgebildeten Fachkräfte, die den Arbeitgebern zur Verfügung stehen. Darum sollte der Staat einerseits kurzfristig alles tun, damit mehr Fachkräfte zur Verfügung stehen, aber auch, was langfristig den Fachkräftemangel mindert, seinen Pflichten für eine zufriedenstellende soziale und bildungsorientierte Infrastruktur nachkommen. Denn der öffentliche Dienst ist in vielen Bereichen derart unterbesetzt mit Personal, dass er seinen Pflichten nicht mehr zufriedenstellend nachkommt.

In einem Gutachten des Deutschen Instituts für Wirtschaftsforschung, erarbeitet von Dieter Vesper, vom November 2016[464] fehlen beispielsweise 110.000 Fachkräfte für den öffentlichen Dienst- das betrifft v.a. die Bereiche Polizei, Kinderbetreuung, Bildung und Finanzverwaltung.[465]

Um Unternehmen bei der Bewältigung der Herausforderungen und Schwierigkeiten in Bezug auf Personalengpässe und das Anwerben geeigneter Fachkräfte zu unterstützen, sollten auch Forschung und Wissenschaft den Fokus verstärkt auf die regelmäßige Publizierung von regionalen und branchenspezifischen Studien legen, die sich speziell mit der Thematik Fachkräftemangel/Fachkräfteengpässe, mit dem Einsatz verschiedenster Recruiting Tools und mit gegenwärtigen sowie mit zukünftigen Trends auseinandersetzt.

Es gibt noch einige offene Fragen bzw. Themen, an die zukünftig angesetzt werden sollte.

So interessiert mich besonders, wie die Wohlfahrtsverbände allgemein bei ihrer Fachkräftesuche vorgehen. Dafür bietet sich beispielsweise eine qualitative Umfrage bei den Personalverantwortlichen aller Wohlfahrtsverbände an.

Weiterhin wäre eine vergleichende quantitative und repräsentative Studie über das Verhalten verschiedener Arbeitgeber in den unterschiedlichen Bundesländern oder auch im europäischen Ausland für mich sehr interessant zu erforschen.

---

[464] vgl. Vesper 2016, o.S.
[465] vgl. ebd.

Eine Befragung von zwei bis drei Personalberatungsagenturen in Zusammenhang mit einer entsprechenden Literaturauswertung zur Personalakquise in England oder Frankreich stellt ein weiteres spannendes Themenfeld für mich dar.

In Bezug auf die Sozial-Media-Anwendungen könnte ein nächster Forschungsschritt sein, die Aktivität der Social-Media-Nutzung und ihrer Bedeutung für sozialwirtschaftliche Unternehmen in einer quantitativen und repräsentativen Forschung zu ermitteln.

Mit dieser Masterarbeit wurde Aufschluss über die Thematik Fachkräftemangel, Rekrutierungsinstrumente und zukünftige Entwicklungen/ Trends gegeben. Die empirische Untersuchung kann jedoch nicht als repräsentativ angesehen werden, da die Befragung von zwei sozialwirtschaftlichen Unternehmen einzig eine Stichprobe sein und nicht die gesamte Meinung der Sozialbranche widerspiegeln kann.

7.4 Schlussbetrachtung

Ich habe in dieser Arbeit den Fachkräftemangel mit seinen Auswirkungen und seinen Ursachen dargestellt und anschließend die Notwendigkeit und die Möglichkeiten effektiver Personaleinwerbung. Neben dem Ergebnis, dass es angesichts der breiten Palette von Tools und der vielen damit zusammenhängenden Dienstleistungsangebote für die Personalwerbung auch für kleinere und mittlere Betriebe sinnvoll ist, diesen Teil des Personalmanagements professionell zu betreiben - zumal es keinen immer richtigen Königsweg beim Werben, Suchen und Finden gibt und bei jeder Suche andere Variablen zu beachten sind.

Weiter ist mir sehr deutlich geworden, dass diese Arbeit sinnvollerweise gut ins Personalmanagement zu integrieren ist und das wiederum in die gesamte Betriebsorganisation. Nicht passend Eingestellte zum Beispiel führen zu kostenträchtigen Ineffizienzen, weswegen es ratsam erscheint, dass regelmäßig überprüft wird, ob und inwiefern die Annahmen bei der Einstellung von Personal durch die darauffolgenden tatsächlichen Leistungen verifiziert werden.

Eventuell kann dadurch auch die Personalsuche selbst strukturell verbessert werden. Es ist inzwischen gut belegt, dass strukturierte Einstellungsverfahren, die dann, wenn die Eingestellten eine Zeitlang praktisch gearbeitet haben -deren Leistungen dann ebenfalls strukturiert objektiviert werden-, eindeutige Vorteile gegenüber unstrukturierten Auswahlverfahren haben, und zwar sowohl hinsichtlich der Treffsicherheit wie auch in Bezug auf die Kosten.[466] Auf der anderen Seite sollte auch gesehen werden, auch

---

[466] vgl. Schuler/ Hell/ Trapmann/Schaar/Boramir 2007, S. 60-70

das ist ein Ergebnis meiner Arbeit, dass die Qualität der Produkte und Dienstleistungen von Betrieben sowie der durch ihre Solidität und ihr Betriebsklima bekannter Ruf bedeutsam für eben die Personalwerbung ist.

Schließlich möchte ich abschließend betonen, dass die thematisierten Möglichkeiten und Fertigkeiten bei der Personalfindung in weiten Teilen eine durchgehende Notwendigkeit für die Betriebe sind, und zwar unabhängig von der Konjunktur und relativ unabhängig auch davon, ob die Suche schwierig ist oder weniger kompliziert. Denn es ist immer eine wichtige betriebliche Aufgabe, passende Bewerber auszuwählen, die die vorgesehenen Aufgaben meistern und sich entwickeln, wie es vorgesehen ist. Insofern ist auch der Medienhype vom Fachkräftemangel nicht gerade unzutreffend, aber kann von der rundum für Arbeitgeber wie für Arbeitnehmer positiven Parallelentwicklung der ausgezeichneten Wirtschaftslage ablenken, die mit seit sechs Jahren stetigem Wirtschaftswachstum, historisch niedriger Arbeitslosigkeit und einem Höchststand von sozialversicherungspflichtigen Arbeitsplätzen als andere Seite der Medaille eben als Resultat der Verknappung von Arbeitskräften den für Arbeitgeber komplizierten Personalmangel hat, der für Arbeitnehmer in vielen Hinsichten nützlich ist.

Die Arbeit an diesem Thema hat mich motiviert, mich weiter praktisch und theoretisch mit den damit zusammenhängenden Fragen des effektiven und effizienten Personalmanagements gerade im Dienstleistungsbereich zu befassen, der kostenmäßig stark von passendem Personal abhängt, aber noch mehr im Hinblick auf Qualität und Solidität der Arbeit auf gute Arbeit angewiesen ist.

Literaturverzeichnis

Absolventa GmbH (Hg.) (a): Absolventa. Die Jobbörse für Studenten, Absolventen und Young Professionals. Online verfügbar unter https://www.absolventa.de/.

Absolventa GmbH (Hg.) (b): Fachkräftemangel | Fachkräfte gesucht? – So finden Sie Personal! Online verfügbar unter https://www.jobnet.de/definition/fachkraefte-gesucht, zuletzt geprüft am 10.01.2017.

Adecco Personaldienstleistungen GmbH (Hg.): Adecco. Online verfügbar unter http://www.adecco.de/default.aspx.

Adecco Personaldienstleistungen GmbH (Hg.) (a): Allgemeine Geschäftsbedingungen Personalvermittlung der Adecco Personaldienstleistungen GmbH. Online verfügbar unter http://www.adecco.de/de-DE/fuer-unternehmen/ihre-vorteile/Documents/Adecco-AGB-Personalvermittlung-2011[1].pdf, zuletzt geprüft am 15.01.2017.

Adler, Lisa (2016): Probier dich (mobil) aus – spielerische Berufsorientierung bei der Commerzbank. Online verfügbar unter http://blog.recrutainment.de/2016/12/05/probier-dich-mobil-aus-spielerische-berufsorientierung-bei-der-commerzbank/, zuletzt geprüft am 15.01.2017.

Alfert, Nicole (2015): Facebook in der Sozialen Arbeit. Aktuelle Herausforderungen und Unterstützungsbedarfe für eine professionelle Nutzung. Wiesbaden: Springer Fachmedien Verlag.

Anders, Florentine (2016): Fachkräfteprognose. In Berlin fehlen zum neuen Kitajahr mehr als 1300 Erzieher. Jetzt räumt auch die Senatsbildungsverwaltung ein, dass das Personal in den Kitas knapp ist. Eine Kampagne soll weiterhelfen. In: *Berliner Morgenpost*, 03.07.2016. Online verfügbar unter http://www.morgenpost.de/berlin/article207770895/In-Berlin-fehlen-zum-neuen-Kitajahr-mehr-als-1300-Erzieher.html, zuletzt geprüft am 03.01.2017.

APPADVISORS: Was die Entwicklung einer App in Deutschland kostet. Hg. v. ibusiness. Online verfügbar unter http://www.appadvisors.de/2011/07/was-ap-entwicklung-in-deutschland-kostet/, zuletzt geprüft am 05.01.2017.

Arnold, Hermann (2012): Personal gewinnen mit Social Media. Die besten Strategien und Instrumente für Ihr Bewerbermarketing im Web 2.0. 1. Aufl. Freiburg: Haufe-Lexware GmbH & Co. KG.

Arnold, Ulli/ Grunwald, Klaus/ Maelicke, Bernd (Hg.) (2014): Lehrbuch der Sozialwirtschaft. 4. Aufl. Baden-Baden: Nomos Verlagsgesellschaft.

Arnold, Ulli/ Maelicke, Bernd (Hg.) (2009): Lehrbuch der Sozialwirtschaft. 3. Aufl. Baden-Baden: Nomos Verlag.

Arnold, Ulli/ Maelicke, Bernd (2009): Lehrbuch der Sozialwirtschaft. 3. Aufl. Baden-Baden: Nomos Verlagsgesellschaft.

Aschermann, Tim (2016): Xing: Kosten für die Premium Mitgliedschaft. Online verfügbar unter http://praxistipps.chip.de/xing-kosten-fuer-die-premium-mitgliedschaft_2110, zuletzt geprüft am 06.01.2017.

Astheimer, Sven (2016): Wenn der Algorithmus die Mitarbeiter aussucht. In: *Frankfurter Allgemeine Zeitung*, 11.08.2016, S. 22.

Astheimer, Sven (2016): Junge Amerikaner haben keine Ahnung von der Praxis. In: *Frankfurter Allgemeine Zeitung*, 24.11.2016, S. 25, zuletzt geprüft am 09.01.2017.

AWO Bundesverband e.V. (Hg.): AWO Bundesverband e.V. Online verfügbar unter http://www.awo.org/wir-ueber-uns/, zuletzt geprüft am 08.01.2017.

AWO Fürstenwalde (Hg.): AWO Fürstenwalde. Online verfügbar unter www.awo-fuerstenwalde.de/, zuletzt geprüft am 11.01.2017.

Bartscher, Thomas/ Stöckl, Juliane/ Träger, Thomas (2012): Personalmanagement. Grundlagen, Handlungsfelder, Praxis. München: Pearson Deutschland GmbH.

Bassarak, Herbert/ Noll, Sebastian (Hg.) (2012): Personal im Sozialmanagement. Neueste Entwicklungen in Forschung, Lehre und Praxis. Wiesbaden.

Bassarak, Herbert/ Noll, Sebastian (Hg.) (2012): Personal im Sozialmanagement. Neueste Entwicklungen in Forschung, Lehre und Praxis. Wiesbaden: Springer Verlag.

Bassarak, Herbert/ Schneider, Armin (2012): Forschung und Entwicklung im Management sozialer Organisationen. Augsburg: Ziel Verlag.

Beck, Christoph (2002): Professionelles E-Recruitment. Strategien Instrumente Beispiele. 1. Aufl. Neuwied: Hermann Luchterhand Verlag GmbH.

Beck, Christoph (Hg.) (2012): Personalmarketing 2.0. Vom Employer Branding zum Recruiting. 2. Aufl. Köln: Luchterhand Verlag.

Becker, Manfred (2009): Personalentwicklung: Bildung, Förderung und Organisationsentwicklung in Theorie und Praxis. 5., aktualisierte und erweiterte Auflage. Stuttgart: Schäffer-Poeschel Verlag.

Bedürftig, David (2016): Was Generation Z vom Berufsleben erwartet, 06.03.2016. Online verfügbar unter https://www.welt.de/wirtschaft/karriere/bildung/article152993066/Was-Generation-Z-vom-Berufsleben-erwartet.html, zuletzt geprüft am 15.01.2017.

Beile, Judith/ Jahnz, Sebastian: Work-Life-Balance in der Unternehmenspraxis. In: *GESIS - Leibniz-Institut für Sozialwissenschaften* 2007. Online verfügbar unter http://www.ssoar.info/ssoar/handle/document/3885.

Bergmann, Rainer (2013): Externe Wege der Personalgewinnung. In: Bröckermann, Reiner/ Pepels, Werner (Hg.): Das neue Personalmarketing- Employee Relationship. Management als moderner Erfolgstreiber. 2. Aufl. Berlin: BEV Berliner Wissenschafts-Verlag (1: Handbuch Personalgewinnung).

Bernauer, Dominik (2013): Personalgewinnung, Personalmarketing und Employer Branding. In: Bröckermann, Reiner/ Pepels, Werner (Hg.): Das neue Personalmarketing-Employee Relationship. Management als moderner Erfolgstreiber. 2. Aufl. Berlin: BEV Berliner Wissenschafts-Verlag (1: Handbuch Personalgewinnung).

Bernauer, Dominik/ Hesse, Gero/ Laick, Steffen/ Schmitz, Bernd (Hg.) (2011): Social Media im Personalmarketing. Erfolgreich in Netzwerken kommunizieren. 1. Aufl. Köln: Wolter Kluwer Deutschland GmbH.

Birkfeld, Manuel (2010): E-Recruiting durch aktive Kandidatensuche. Empfehlungen für den Aufbau einer attraktiven Absolventenplattform am Beispiel der TU Ilmenau. 1. Aufl. Saarbrücken: VDM Verlag Dr. Müller.

Bogner, Alexander/ Littig, Beate/ Menz, Wolfgang (Hg.) (2002): Das Experteninterview. Theorie, Methode, Anwendung. Wiesbaden: VS Verlag für Sozialwissenschaften.

Böhm, Wolfgang/ Hennig, Jörg/ Popp, Cornelius (2013): Zeitarbeit. Leitfaden für die Praxis. 3. Aufl. Köln: Luchterhand Verlag.

Bohn, Lise-Lotte Ursula (2014): Beyond the Hype: Personalmarketing durch Social Media. Master- Thesis im Studiengang Sozialmanagement. Alice Salomon Hochschule Berlin und der Paritätischen Akademie Berlin, Berlin.

Bös, Nadine/ Schmale, Oliver (2016): Schlechte Noten? Kein Problem! In: *Frankfurter Allgemeine Zeitung*, 18.12.2016, S. C1, zuletzt geprüft am 09.01.2017.

Böttcher, Wolfgang/ Merchel, Joachim (2010): Einführung in das Bildungs- und Sozialmanagement: Verlag Barbara Budrich/Opladen& Farmington Hills.

Brenzel,Hanna/ Czepek, Judith/ Kubis, Alexander/ Moczall, Andreas: Stellen werden häufig über persönliche Kontakte besetzt. Hg. v. Institut für Arbeitsmarkt-und Berufsforschung (IAB). Online verfügbar unter http://doku.iab.de/kurzber/2016/kb0416.pdf, zuletzt geprüft am 19.01.2017.

Bröckermann, Reiner (2016): Personalwirtschaft. Lehr- und Übungsbuch für Human Resource Management. 7. Aufl. Stuttgart: Schäffer-Poeschel Verlag.

Bröckermann, Reiner/ Pepels, Werner (Hg.) (2013): Das neue Personalmarketing- Employee Relationship. Management als moderner Erfolgstreiber. 2. Aufl. Berlin: BEV Berliner Wissenschafts-Verlag (1: Handbuch Personalgewinnung).

Bühner, Rolf (2005): Personalmanagement. 3. Aufl. München: Oldenbourg Wissenschaftsverlag GmbH.

Bundesagentur für Arbeit (Hg.) (2016 d): Der Arbeitsmarkt in Deutschland - Fachkräfteengpassanalyse. Online verfügbar unter https://statistik.arbeitsagentur.de/Statischer-Content/Arbeitsmarktberichte/Fachkraeftebedarf-Stellen/Fachkraefte/BA-FK-Engpassanalyse-2016-06.pdf, zuletzt geprüft am 05.01.2017.

Bundesagentur für Arbeit (Hg.) (2016 a): Fachkräfte für Deutschland. Zwischenbilanz und Fort-schreibung. Online verfügbar unter https://www.google.de/url?sa=t&rct=j&q=&esrc=s&source=web&cd=2&ved=0ahUKEwi l1rX1jMnPAhUD2hoKHUfmCmwQFggkMAE&url=https%3A%2F%2Fwww.arbeitsagent ur.de%2Fweb%2Fcontent%2FPerspektive-2025&usg=AFQjCNHCHUFURXWHlnELH Q8xkXK4KvSlLQ&sig2=2W2wHJgPx0IxPWxUiXobvw&cad=rja, zuletzt geprüft am 15.01.2017.

Bundesagentur für Arbeit (Hg.) (2016 b): Jobbörse. Online verfügbar unter https://jobbo-erse.arbeitsagentur.de/, zuletzt geprüft am 19.12.2016.

Bundesagentur für Arbeit (Hg.) (2016 c): Zentrale Auslands-und Fachvermittlung (ZAV) - Wer wir sind. Was wir machen. Online verfügbar unter https://www.arbeitsagentur.de/web/co ntent/DE/service/Ueberuns/WeitereDienststellen/ZentraleAuslandsundFachvermittlung/ Detail/index.htm?dfContentId=L6019022DSTBAI526093, zuletzt geprüft am 20.12.2016.

Bundesministerium für Arbeit und Soziales (2014): Partnerschaft für Fachkräfte in Deutsch-land. Online verfügbar unter http://www.bmas.de/SharedDocs/Downloads/DE/Thema-Arbeitsmarkt/2014-11-19-fachkraefte-erklaerung.pdf;jsessionid=D5B8E6B715DB544D A25326A8C97922DD?__blob=publicationFile&v=1, zuletzt geprüft am 04.01.2017.

CareFlex Personaldienstleistungen GmbH (Hg.). Online verfügbar unter http://www.care-flex.de/, zuletzt geprüft am 15.01.2017.

Cisik, Alexander (2001): Stellenmärkte im Internet. In: Werner Pepels (Hg.): Erfolgreiche Per-sonalwerbung in Medien. 1. Aufl. München: Oldenbourg Wissenschaftsverlag GmbH.

Cybox: Die Geschichte des Internets. Hg. v. Cybox GmbH. Online verfügbar unter https://www.cybox.net/service/grundlagen/internet/geschichte.htm, zuletzt geprüft am 20.01.2017.

Dahlmanns, Andreas (2014): Generation Y und Personalmanagement. München und Mering: Rainer Hampp Verlag.

Dannhäuser, Ralph (2015): Praxishandbuch Social Media Recruiting. Experten Know-How/ Praxistipps/ Rechtshinweise. 2. Aufl.: Springer Fachmedien Verlag.

Decker, Franz (1992): Effizientes Management für soziale Institutionen. Landsberg/Lech: Ver-lag Moderne Industrie.

Deutscher Berufsverband für Pflegeberufe (Hg.): Informationen zum aktuellen Zustand der Pflegeberufe. Online verfügbar unter http://www.dbfk.de/manifest/der-hintergrund/, zu-letzt geprüft am 09.01.2017.

Diakonie-Pflege Verbund Berlin (2015): Angebot für Geflüchtete: Deutsch sprechen. Pflege lernen. Bei uns arbeiten. Hg. v. Diakonie-Pflege Verbund Berlin. Online verfügbar unter https://www.diakonie-portal.de/nachricht/angebot-fuer-gefluechtete-deutsch-sprechen-pflege-lernen-bei-uns-arbeiten, zuletzt geprüft am 12.01.2017.

Dietz, Sonja (2016): Marc Irmisch-Petit (Monster.de): Die Zukunft im Recruiting hat längst be-
gonnen. Online verfügbar unter http://www.cologne-it-summit.
de/aktuelles/artikel/arti-
kel/marc-irmisch-petit-monsterde-die-zukunft-im-recruiting-hat-laengst-begonnen-118/,
zuletzt geprüft am 08.01.2017.

Ebersbach, Anja/ Glaser, Markus/ Heigl, Richard (2011): Einleitung. In: Ebersbach, Anja/ Glaser, Markus/ Heigl, Richard (Hg.): Social Web. 2. Aufl. Konstanz: UVK Verlagsgesellschaft mbH, S. 15–36.

Ebersbach, Anja/ Glaser, Markus/ Heigl, Richard (Hg.) (2011): Social Web. 2. Aufl. Konstanz:
UVK Verlagsgesellschaft mbH.

Eger, Michael/ Frickenschmidt, Sören: Die Karrierewebsite. Verbindung zwischen Employer
Branding und Recruiting. In: Armin Trost (Hg.): Employer Branding. Arbeitgeber positionieren und präsentieren. 1. Aufl. Köln: Wolter Kluwer Deutschland GmbH.

Eggert, Ferdinand/ Nitzsche, Alexander (2001): Erfolgreiche Personalwerbung durch E-
Cruiting. In: Werner Pepels (Hg.): Erfolgreiche Personalwerbung in Medien. 1. Aufl. München: Oldenbourg Wissenschaftsverlag GmbH.

El-Saghir, Janine (2016): Bewerbersuche über die Bundesagentur für Arbeit. Hg. v. German-
Personnel e-search GmbH. Online verfügbar unter http://blog.germanperson-
nel.de/2016/07/12/bewerbersuche-ueber-die-bundesagentur-fuer-arbeit-teil-2-2/, zuletzt
geprüft am 11.01.2017.

Facebook (Hg.): Die Techniker (TK) - Ausbildung und Karriere. Online verfügbar unter
https://www.facebook.com/DieTechniker.karriere/?fref=ts,   zuletzt   geprüft   am
06.01.2017.

Facebook (Hg.): Personalmarketing & Recruiting. Online verfügbar unter https://www.face-
book.com/groups/Personalmarketing.Recruiting/, zuletzt geprüft am 17.01.2017.

Falk, Rüdiger (2004): Personalwirtschaft für Dienstleistungsbetriebe. Personalmanagement
für Betriebe der Gesundheits- und Sozialwirtschaft sowie für Sportvereine und Sportver-
bände. Aachen: Shaker Verlag.

Fedossov, Alexander/ Kirchner, Jan (2009): Online-Personalsuche. Praxishandbuch für aktive
Personalbeschaffung im Internet. 1. Aufl. Norderstedt: Books on Demand.

Frankfurter Allgemeine Zeitung (2016): Fachkräftemangel wird zum Geschäftsrisiko. In: *Frankfurter Allgemeine Zeitung*, 27.12.2016, S. 17, zuletzt geprüft am 09.01.2017.

Frankfurter Allgemeine Zeitung GmbH (Hg.): Frankfurter Allgemeine Stellenmarkt. Online verfügbar unter https://stellenmarkt.faz.net/.

Frankfurter Allgemeine Zeitung GmbH (Hg.) (2016 a): Preisliste Nr. 77. vom 1.Januar 2017.
Online verfügbar unter http://www.faz.media/fileadmin/user_upload/Preise/FAZ_FAS_
Preisliste_2017.pdf, zuletzt geprüft am 15.01.2017.

Friebertshäuser, Barbara/ Langer, Antje/ Prengel, Annedore (Hg.) (2010): Handbuch Qualitative Forschungsmethoden in der Erziehungswissenschaft. 3. Aufl. Weinheim und München: Juventa Verlag.

Friedrichs, Thomas (2012): Die besten Mitarbeiter gewinnen - mit Arbeitshilfen online: Eine neue Recruitingkultur implementieren und umsetzen. Freiburg: Haufe-Lexware.

Fuchs, Angelika/ Westerwelle, Axel/ Buchberger, Carsten (1999): Campus Recruiting: Falken Verlag.

Giersberg, Georg (2016 a): Besser in die Lehre. In: *Frankfurter Allgemeine Zeitung*, 31.12.2016 a, S. 28, zuletzt geprüft am 09.01.2017.

Giesberg, Georg (2016 b): Zwischen Demographie und Studium. In: *Frankfurter Allgemeine Zeitung*, 31.12.2016 b, S. 28, zuletzt geprüft am 09.01.2017.

Grabs, Anne/ Bannour, Karim-Patrick/ Vogl, Elisabeth (2016): Follow me! Erfolgreiches Social Media Marketing mit Facebook, Twitter und Co. 3., aktualisierte und erweiterte Auflage 2014, 2. Nachdruck 2016. Bonn: Rheinwerk Verlag GmbH.

Grohe, Martin (2011): Social Media Recruiting im Praxiseinsatz. In: Bernauer, Dominik/ Hesse, Gero/ Laick, Steffen/ Schmitz, Bernd (Hg.): Social Media im Personalmarketing. Erfolgreich in Netzwerken kommunizieren. 1. Aufl. Köln: Wolter Kluwer Deutschland GmbH.

Gründerszene (Hg.) (b): Social Network. Online verfügbar unter http://www.gruenderszene. de/lexikon/begriffe/social-network.

Gründerszene (Hg.) (a): Social-Media. Online verfügbar unter http://www.gruenderszene. de/lexikon/begriffe/social-media, zuletzt geprüft am 15.01.2017.

Gründerszene (Hg.) (c): XING. Business Netzwerk. Online verfügbar unter http://www.gruenderszene.de/datenbank/unternehmen/xing, zuletzt geprüft am 14.01.2017.

Gutmann, Joachim (2002): Jobbörsen und Karriereportale in Deutschland- Eine Marktübersicht mit Handlungsempfehlungen. In: Symposion Publishing GmbH (Hg.): Die Besten gehen ins Netz. Report E-Recruitment: Innovative Wege bei der Personalauswahl. Speziel-Ausgabe. Düsseldorf.

Gutt, Eike (2010): LTE Long Term Evolution. Neue Dimension mobiler Breitbandnutzung. Online verfügbar unter http://www.ltemobile.de/uploads/media/LTE_Einfuehrung_V1.pdf, zuletzt geprüft am 20.01.2017.

Gymbase (Hg.): Personal-Leasing (Zeitarbeit). Online verfügbar unter http://www.gymbase. de/index/themeng13/bwl/personal_03.php.

Haller, Michael (2013): Das Interview. 5. Aufl. Konstanz und München: UVK Verlagsgesellschaft mbH.

Härder, Max (2016): Flüchtlinge? Lieber nicht. In: *Wirtschaftswoche*, 25.11.2016, S. 34.

Heckmann, Markus/ Kettner, Anja/ Rebien, Martina (2009): Einbruch in der Industrie. – Soziale Berufe legen zu. Hg. v. Institut für Arbeitsmarkt-und Berufsforschung (IAB), zuletzt geprüft am 20.01.2017.

Heider-Winter, Cornelia (2014): Employer Branding in der Sozialwirtschaft. Wie Sie als attraktiver Arbeitgeber die richtigen Fachkräfte finden und halten. Wiesbaden: Springer Fachmedien Verlag.

Hesse, Gero (2012): Social Media. In: Christoph Beck (Hg.): Personalmarketing 2.0. Vom Employer Branding zum Recruiting. 2. Aufl. Köln: Luchterhand Verlag, S. 245–267.

Hilker, Claudia (2012): Erfolgreiche Social-Media-Strategien für die Zukunft. Wien, Österreich: Linde Verlag.

Hoffmann, Wolfgang (2012): Verantwortung für Berufsbiografien als Folge der demografischen Entwicklung in der Sozialwirtschaft. In: Bassarak, Herbert/ Noll, Sebastian (Hg.): Personal im Sozialmanagement. Neueste Entwicklungen in Forschung, Lehre und Praxis. Wiesbaden: Springer Verlag.

Holmes, Stephanie (2015): Social Media Marketing 2016. Steigern Sie Ihren Unternehmenserfolg mit Facebook, Twitter, XING & CO. Nürnberg: Webmasters Akademie Nürnberg GmbH.

Holtbrügge, Dirk (2015): Personalmanagement. 6. Aufl. Nürnberg: Springer Verlag.

Hünninghausen, Lars (2002): Die Besten gehen ins Netz. Report E-Recruitment: Innovative Wege bei der Personalauswahl. Speziel-Ausgabe. Hg. v. Symposion Publishing GmbH. Düsseldorf.

Hust, Tobias (2013): XING Talentmanager – was ist das? Online verfügbar unter http://praxistipps.chip.de/xing-talentmanager-was-ist-das_15650, zuletzt geprüft am 06.01.2017.

Indeed Deutschland GmbH (Hg.) (2014): Indeed Studie zur Indeed Studie zur mobilen Jobsuche in Deutschland 2014. Online verfügbar unter http://www.crosswater-job-guide.com/Indeed%20Mobile%20Jobsuche%20Studie%202014.pdf, zuletzt geprüft am 15.01.2017.

Jacobs, Inge (2013): Fachkräftemangel in Kitas. Erzieher aus Rumänien und Italien geworben. In: *Stuttgarter-Zeitung.de*, 13.09.2013.

Jetter, Wolfgang (2008): Effiziente Personalauswahl: Durch strukturierte Einstellungsgespräche die richtigen Mitarbeiter finden. 3. Aufl. Stuttgart: Schäffer-Poeschel Verlag.

Jung, Hans (2010): Allgemeine Betriebswirtschaftslehre. 12. Aufl. München: Walter de Gruyter GmbH.

Kaplan, Andreas M./Haenlein, Michael: Users of the world, unite! The challenges andopportunities of Social Media. In: *Business Horizons* 2010 (Band 53), S. 59–68.

Keller, Ulrike (2016): Familienfreundliche Unternehmen, welche Möglichkeiten bieten sie Müttern und Vätern. Master- Thesis im Studiengang Sozialmanagement. Alice Salomon Hochschule Berlin und der Paritätischen Akademie Berlin, Berlin.

Knorr, Friedhelm (2001): Personalmanagement in der Sozialwirtschaft. Grundlagen und Anwendungen. Frankfurt am Main: Eigenverlag des Deutschen Vereins für öffentliche und private Fürsorge.

König, Dr. Matthias/ Clausen, Hartmut/ Schrank, Dr. Christoph/ Schmidt, Dr. Matthias (2012): Fachkräftemangel in der Sozialwirtschaft. Eine empirische Studie 2012. Hamburg. Online verfügbar unter http://www.sonderpaedagogik.uni-wuerzburg.de/fileadmin/060400 30/Downloads/Ratz/Studie_Fachkraeftemangel_2012_Ergebnisse_Langfassung_01. pdf, zuletzt geprüft am 15.01.2017.

Kramer, Jost W.: Sozialwirtschaft - Zur inhaltlichen Strukturierung eines unklaren Begriffs. Wismarer Diskussionspapiere Heft 6, 2006. Online verfügbar unter http://www.wi.hs-wismar.de/%7Ewdp/2006/0606_Kramer.pdf, zuletzt geprüft am 15.01.2017.

kununu GmbH (Hg.) (2016): Deutschlands beste Arbeitgeber 2016. Online verfügbar unter https://www.kununu.com/de/presse/deutschlandsbestearbeitgeber2016, zuletzt geprüft am 02.01.2017.

Lee, Newton (2013): Facebook Nation. Total Information Awareness. New York, Heidelberg, Dordrecht, London: Springer Verlag.

Lotmar, Paula/ Tondeur, Edmond (1993): Führen in sozialen Organisationen. 4. Aufl. Bern, Stuttgart und Wien: Verlag Paul Haupt.

Maelicke, Bernd (2004): Personal als Erfolgsfaktor in der Sozialwirtschaft. Baden-Baden: Nomos Verlag.

Maelicke, Bernd (2009): Personalmanagement. In: Arnold, Ulli/ Maelicke, Bernd (Hg.): Lehrbuch der Sozialwirtschaft. 3. Aufl. Baden-Baden: Nomos Verlag, S. 754–768.

Maelicke, Bernd (2012): Überlegungen zum strukturellen Spannungsfeld zwischen Fach- und Führungskräften in der Sozialwirtschaft. In: Bassarak, Herbert/ Noll, Sebastian (Hg.): Personal im Sozialmanagement. Neueste Entwicklungen in Forschung, Lehre und Praxis. Wiesbaden.

Manpower GmbH & Co. KG (Hg.): Manpower. Online verfügbar unter https://www.manpower.de/.

Medienpädagogischer Forschungsverbund Südwest (Hg.) (2016): Jim-Studie 2016. Jugend, Information, (Multi-) Media. Basisuntersuchung zum Mediumumgang 12-19-Jähriger in Deutschland. Online verfügbar unter https://www.mpfs.de/fileadmin/files/Studien/JIM/ 2016/JIM_Studie_2016.pdf, zuletzt geprüft am 22.01.2017.

Merchel, Joachim (2003): Zum Stand der Diskussion über Effizienz und Qualität in der Produktion sozialer Dienstleistungen. Kassel. Online verfügbar unter http://www.uni-kassel.de/upress/online/frei/978-3-89958-022-8.volltext.frei.pdf, zuletzt geprüft am 15.01.2017.

Meurer, Sebastian (2013): Mobile Recruiting 2013- Eine empirische Untersuchung zur Bewerberansprache über mobile Endgeräte. Hochschule RheinMain, University of Applied Sciences. Wiesbaden/Rüsselsheim. Online verfügbar unter https://www.saatkorn.com/ wordpress/wp-content/uploads/2013/11/mobile-recruiting-2013_bericht1.pdf, zuletzt geprüft am 20.01.2017.

Meuser, Michael/ Nagel, Ulrike (2010): Experteninterviews- wissenssoziologische Voraussetzungen und methodische Durchführung. In: Friebertshäuser, Barbara/ Langer, Antje/ Prengel, Annedore (Hg.): Handbuch Qualitative Forschungsmethoden in der Erziehungswissenschaft. 3. Aufl. Weinheim und München: Juventa Verlag.

Meyer, Rainer (2010): Personalleasing: Vorteile und Nachteile für die Unternehmen. Online verfügbar unter http://www.dir-info.de/beruf-bildung/personal/personalleasing.html, zuletzt geprüft am 14.02.2017.

Michler, Inga (2016): Der total verrückte Arbeitsmarkt. In: *Welt am Sonntag*, 23.10.2016, S. 36.

O´Reilly, Tim (2009): What is Web 2.0? Hg. v. Media Verlag. Online verfügbar unter http://www.oreilly.com/pub/a/web2/archive/what-is-web-20.html, zuletzt geprüft am 12.01.2017.

Oechsler, Walter A. (2011): Personal und Arbeit: Grundlagen des Human Resource Management und der Arbeitgeber-Arbeitnehmer-Beziehungen. 9. Aufl. München: Oldenbourg Wissenschaftsverlag GmbH.

ParitätJob: ParitätJob.de. Hg. v. Deutscher Paritätischer Wohlfahrtsverband. Online verfügbar unter https://www.paritaetjob.de/, zuletzt geprüft am 29.01.2017.

Pepels, Werner (Hg.) (2001): Erfolgreiche Personalwerbung in Medien. 1. Aufl. München: Oldenbourg Wissenschaftsverlag GmbH.

Personal. Wissen.de (Hg.) (2014): Recruiting über die Bundesagentur für Arbeit – So funktioniert's. Online verfügbar unter http://www.personal-wissen.de/4772/recruiting-ueber-die-bundesagentur-fuer-arbeit-funktionierts/.

pme Familienservice 1 (Hg.): pme Familienservice. Online verfügbar unter www.familienservice.de/web/berlin, zuletzt geprüft am 15.01.2017.

pme Familienservice 2 (Hg.): pme Familienservice. Online verfügbar unter www.familienservice.de/entstehung, zuletzt geprüft am 11.01.2017.

Randstad Deutschland GmbH & Co. KG (Hg.): ranstad. Online verfügbar unter http://www.randstad.de/.

Rath, Bernd H./ Salmen, Sonja (2012): Recruiting im Social Web. Talentmanagement 2.0- So begeistern Sie Netzwerker für Ihr Mitmach-Unternehmen! 1. Aufl. Göttingen: Business-Village GmbH.

Schick, Stefan (2012): Rechtliche und steuerliche Grundlagen in der Sozialwirtschaft. 1. Aufl. Baden-Baden: Nomos Verlagsgesellschaft.

Schmidtke, Corinna (2002): Signaling im Personalmarketing: Eine theoretische und empirische Analyse des betrieblichen Rekrutierungserfolges. München und Mering.

Schneider, Sonja (2012): Social Media- der neue Trend in der Personalbeschaffung. Aktive Personalsuche mit Face, Xing & Co? Hamburg: Diplomica Verlag GmbH.

Schubert, Christian (2016): Frau Merkels Flüchtlingspolitik hilft uns. In: *Frankfurter Allgemeine Zeitung*, 07.11.2016, S. 21.

Schuler, Heinz/ Hell, Benedikt/ Trapmann, Sabrina/ Schaar, Hagen/ Boramir, Ilkay: Die Nutzung psychologischer Verfahren der externen Personalauswahl in deutschen Unternehmen. Ein Vergleich über 20 Jahre. In: *Zeitschrift für Personalpsychologie 6* 2007, S. 60–70. Online verfügbar unter http://kops.uni-konstanz.de/bitstream/handle/123456789/106 97/Schuler_Hell_Trapmann_Schaar_Boramir_PA_20_Jahre_2007.pdf?sequence=1.

Schwindt, Annette (2012): Das Facebook-Buch. 3. Aufl. Köln: O´Reilly Verlag.

Siemann, Christiane: Mobile Recruiting - Mit Twitter und SMS zu neuen Bewerbern. Online verfügbar unter http://www.jobware.de/Karriere/Mobile-Recruiting-Mit-Twitter-und-SMS-zu-neuen-Bewerbern.html, zuletzt geprüft am 10.01.2017.

Social Media Aachen (Hg.) (2015): Facebook Nutzerzahlen 2015: Status des Netzwerks. Online verfügbar unter http://www.social-media-aachen.de/blog/facebook-nutzerzahlen-2015-status-des-netzwerks/.

SocialMedia Institute (Hg.) (2016): Übersicht aktueller Social Network Statistiken (Laufend ergänzt). Online verfügbar unter http://socialmedia-institute.com/uebersicht-aktueller-social-media-nutzerzahlen/, zuletzt geprüft am 05.11.2016.

Statista GmbH (Hg.): Statistiken und Umfrageergebnisse zur Videoplattform YouTube. Online verfügbar unter https://de.statista.com/themen/162/youtube/, zuletzt geprüft am 10.01.2017.

Statista GmbH (Hg.) (2015): Anteil der Nutzer von Facebook nach Altersgruppen weltweit im 4. Quartal 2015. Online verfügbar unter https://de.statista.com/statistik/daten/studie/39471/umfrage/nutzer-von-facebook-nach-alter/, zuletzt geprüft am 10.01.2017.

Statista GmbH (Hg.) (2016): Anzahl der monatlich aktiven Facebook Nutzer weltweit vom 3. Quartal 2008 bis zum 3. Quartal 2016 (in Millionen). Online verfügbar unter https://de.statista.com/statistik/daten/studie/37545/umfrage/anzahl-der-aktiven-nutzer-von-facebook/, zuletzt geprüft am 10.01.2017.

Statista GmbH (Hg.) (2016 a): Statistiken und Daten zum Demografischen Wandel. Online verfügbar unter https://de.statista.com/themen/653/demografischer-wandel/, zuletzt geprüft am 18.01.2017.

Statista GmbH 1 (Hg.): Wie wichtig sind die Kriterien bei der Wahl Ihres zukünftigen Arbeitgebers? Online verfügbar unter https://de.statista.com/statistik/daten/studie/181885/umfrage/kriterien-fuer-die-wahl-des-arbeitgebers/, zuletzt geprüft am 11.01.2017.

Statistisches Bundesamt (2011): Bevölkerungs- und Haushaltsentwicklung im Bund und in den Ländern. Hg. v. Statistische Ämter des Bundes und der Länder. Wiesbaden. Online verfügbar unter https://www.destatis.de/DE/Publikationen/Thematisch/Bevoelkerung/DemografischerWandel/BevoelkerungsHaushaltsentwicklung5871101119004.pdf?__blob=publicationFile, zuletzt geprüft am 15.01.2017.

Statistisches Bundesamt (31.08.2016): Juli 2016: Erwerbstätigkeit steigt weiterhin kräftig an. Wiesbaden. Online verfügbar unter https://www.destatis.de/DE/PresseService/Presse/ Pressemitteilungen/2016/08/PD16_302_132pdf.pdf?__blob=publicationFile, zuletzt geprüft am 21.01.2017.

Statistisches Bundesamt 1 (2014): 63 % der Internetnutzer/-innen surfen auch mobil. Statistisches Bundesamt. Online verfügbar unter https://www.destatis.de/DE/PresseService/Presse/Pressemitteilungen/2014/12/PD14_457_63931.html, zuletzt geprüft am 14.01.2017.

Statistisches Bundesamt 2 (2015): Wirtschaftsberechnungen. Private Haushalte in der Informationsgesellschaft – Nutzung von Informations- und Kommunikations- technologien. Statistisches Bundesamt. Online verfügbar unter https://www.destatis.de/DE/Publikation en/Thematisch/EinkommenKonsumLebensbedingungen/PrivateHaushalte/PrivateHaus halteIKT2150400157004.pdf?__blob=publicationFile, zuletzt geprüft am 20.01.2017.

Stein, Claudia (2007): Leiten und Steuern von sozialen Einrichtungen in Teilzeit- Chancen und Grenzen. Master- Thesis. Alice Salomon Hochschule Berlin und der Paritätischen Akademie Berlin, Berlin.

Stewart, James/ Clark, Darlene/ Clark, Paul F. (2007): Abwanderung und Anwerbung von Fachkräften im Gesundheitswesen: Ursachen, Konsequenzen und politische Reaktionen. Hg. v. Bundeszentrale für politische Bildung. Online verfügbar unter http://www.bpb. de/gesellschaft/migration/kurzdossiers/57377/gesundheitswesen, zuletzt geprüft am 15.01.2017.

Szugat, Martin/ Gewehr, Jan Erik/ Lochmann, Cordula (2006): Social Software. entwickler.press: ein Imprint der Software & Support Verlag GmbH.

Teidelt, Cornelius (2012): Entwicklung der Personalbeschaffung in Deutschland. Unter Mitarbeit von Progressive Recruitment und der Wiesbaden Business School. Online verfügbar unter http://assets.progressiverecruitment.com/PR_university_reports_v3.pdf.

Tippelt, Florian/ Kupferschmitt, Thomas (2015): Social Web: Ausdifferenzierung der Social Web: Ausdifferenzierung der Nutzung – Potenziale für Medienanbieter. Hg. v. ARD/ZDF-Onlinestudie. Online verfügbar unter http://www.ard-zdf-onlinestudie.de/fileadmin/Onlinestudie_2015/10-15_Tippelt_Kupferschmitt.pdf, zuletzt geprüft am 14.01.2017.

Tödtmann, Claudia (2016): Die Besten finden. In: *Wirtschaftswoche*, 25.11.2016, S. 55.

trendence Institut GmbH (Hg.): Welcher Arbeitgeber passt zu dir? Online verfügbar unter https://www.deutschlands100.de/, zuletzt geprüft am 16.01.2017.

Trost, Armin (Hg.): Employer Branding. Arbeitgeber positionieren und präsentieren. 1. Aufl. Köln: Wolter Kluwer Deutschland GmbH.

Ullah, Robindro/ Witt, Michael (2015): Praxishandbuch Recruiting. Stuttgart: Schäffer-Poeschel Verlag.

van den Bosch, Annika (2015): Personalrekrutierung von Sozialunternehmen in Zeiten des Fachkräftemangels. - Aktuelle Instrumente am Beispiel der Stadt Bamberg. Masterarbeit. Alice Salomon Hochschule Berlin, Berlin.

Vesper, Dieter (2016): Wo das Personal fehlt. Online verfügbar unter http://www.boeckler.de/105628_105647.htm, zuletzt geprüft am 15.01.2017.

Warkentin, Nils (2016): Mobile Recruiting: Was Unternehmen attraktiv macht. Online verfügbar unter http://karrierebibel.de/mobile-recruiting/.

Wasmund, Steffen (Hg.): Sozialgesetzbuch (SGB III). Drittes Buch. Arbeitsförderung. Online verfügbar unter http://www.sozialgesetzbuch-sgb.de/sgbiii/3.html, zuletzt geprüft am 15.01.2017.

Weitzel, Tim/ Eckhardt, Andreas/ Laumer, Sven/ Maier, Christian/ Von Stetten, Alexander/ Weinert, Christoph/ Wirth, Jakob (2015): RECRUITING TRENDS 2015. Eine empirische Untersuchung mit den Top-1.000-Unternehmen aus Deutschland sowie den Top-300-Unternehmen aus den Branchen Finanzdienstleistung, Health Care und IT. Hg. v. Centre of Human Resources Information Systems (CHRIS)/Otto-Friedrich-Universität Bamberg. Online verfügbar unter https://www.uni-bamberg.de/fileadmin/uni/fakultaeten/wiai_lehrstuehle/isdl/Recruiting_Trends_2015.pdf.

Weitzel, Tim/ Laumer,Sven/ Maier, Christian/ Oehlhorn,Caroline/ Wirth, Jakob/Weinert, Christoph (2016): TECHNIKSPRUNG IN DER REKRUTIERUNG. Ausgewählte Ergebnisse der Recruiting Trends 2016, einer empirischen Studie der Top 1.000 Unternehmen aus Deutschland sowie der Top 300 Unternehmen aus den Branchen Automotive, Handel und IT, und der Bewerbungspraxis 2016, einer empirischen Studie mit über 4.800 Stellensuchenden und Karriereinteressierten im Internen. Hg. v. Centre of Human Resources Information Systems (CHRIS)/Otto-Friedrich-Universität Bamberg. Online verfügbar unter https://www.uni-bamberg.de/fileadmin/uni/fakultaeten/wiai_lehrstuehle/isdl/Recruiting_Trends_2016_-_Techniksprung_in_der_Rekrutierung_v_WEB.PDF, zuletzt geprüft am 10.01.2017.

Weller, Ingo (2007): Fluktuationsmodelle: Ereignisanalysen mit dem Sozio-oekonomischen Panel. München und Mering: Rainer Hampp Verlag.

Wendt, Wolf Rainer (2002): Sozialwirtschaftslehre. Grundlagen und Perspektiven. Baden-Baden: Nomos Verlagsgesellschaft.

Wendt, Wolf Rainer (2003): Sozialwirtschaft- eine Systematik. 1. Aufl. Baden-Baden: Nomos Verlagsgesellschaft.

Wikipedia (Hg.): Empfehlungsmarketing. Online verfügbar unter https://de.wikipedia.org/wiki/Empfehlungsmarketing, zuletzt geprüft am 11.01.2017.

wirtschafts-abc (Hg.): Personalwerbung und Personalbeschaffung. Personalwerbung: Suchen von neuen Mitarbeiter/innen. Online verfügbar unter https://www.wirtschafts-abc.com/index.php?id=personal-werbung.

Wirtschaftswoche (2016): RANSTAD HOLDING Personalvermittler übernimmt US-Rivalen Monster. In: *Wirtschaftswoche*, 09.08.2016. Online verfügbar unter http://www.wiwo.de/unternehmen/dienstleister/randstad-holding-personalvermittler-uebernimmt-us-rivalen-monster/13989280.html, zuletzt geprüft am 10.01.2017.

Wirtschaftswoche (2016): ADECCO Weltgrößter Personalvermittler wächst weiter. In: *Wirtschaftswoche*, 10.08.2016. Online verfügbar unter http://www.wiwo.de/unternehmen/dienstleister/adecco-weltgroesster-personalvermittler-waechst-weiter/13992524.html.

Wöhe, Günter/ Döring, Ulrich (2013): Einführung in die Allgemeine Betriebswirtschaftslehre. 25. Aufl. München: Vahlen.

Wöhrle, Armin (2013): Sozialmanagement und Management in der Sozialwirtschaft. In: Wöhrle, Armin/Beck, Reinhilde/Grunwald, Klaus/Schwarz, Gotthart (Hg.): Grundlagen des Managements in der Sozialwirtschaft. 1. Aufl.: UTB GmbH, S. 191–233.

Wöhrle, Armin/Beck, Reinhilde/Grunwald, Klaus/Schwarz, Gotthart (Hg.) (2013): Grundlagen des Managements in der Sozialwirtschaft. 1. Aufl.: UTB GmbH.

Wollmilchsau GmbH (Hg.): Mobile Recruiting Studie 2014. Online verfügbar unter http://wollmilchsau.de/wp-content/uploads/studien/Wollmilchsau_Mobile_Recruiting_Studie_2014.pdf, zuletzt geprüft am 15.11.2016.

Wollmilchsau GmbH (Hg.) (2016): Mobile Recruiting Studie 2016. Online verfügbar unter https://wollmilchsau.de/wp-content/uploads/2016/06/Mobile_Recruiting_Studie_2016_DE.pdf, zuletzt geprüft am 15.01.2017.

www.make-it-in-germany-com (Hg.): Make it in germany. Online verfügbar unter www.make-it-in-germany-com, zuletzt geprüft am 06.01.2017.

XING AG (Hg.): Welche Mitgliedschaftsformen gibt es? Online verfügbar unter https://www.xing.com/help/hilfe-fragen-und-antworten-2/allgemeines-55/die-xing-mitgliedschaften-153/allgemeines-803/welche-mitgliedschaftsformen-gibt-es-101, zuletzt geprüft am 09.01.2017.

XING AG (Hg.) (2015): Demografische Daten XING. Online verfügbar unter https://marketingsolutions.xing.com/werben/pdf/2015_01_XING_Demografische_Daten_DE.pdf?sc_p=da-128_2_4_1.

XING AG (Hg.) (2016 b): Daten und Fakten. Erreichen Sie Ihre Zielgruppe mit den E-Recruiting Produkten von XING. Online verfügbar unter https://recruiting.xing.com/de/daten-und-fakten/, zuletzt geprüft am 06.01.2017.

XING AG (07.11.2016 a): XING gewinnt im dritten Quartal so viele Mitglieder wie niemals zuvor. Online verfügbar unter https://corporate.xing.com/de/newsroom/pressemitteilungen/meldung/xing-gewinnt-im-dritten-quartal-so-viele-mitglieder-wie-niemals-zuvor/, zuletzt geprüft am 04.01.2017.

Zarrella, Dan (2010): Das Social Media Marketing Buch. 1. Aufl. Köln: O´Reilly Verlag.

zeag GmbH (Hg.): Die Arbeitgeber des Jahres 2016. Online verfügbar unter https://www.top-arbeitgeber.de/top-job-arbeitgeber/top-job-arbeitgeber-2016.html, zuletzt geprüft am 15.01.2017

Anhang 1: Instrumente der externen Personalrekrutierung im Vergleich

Instrument	Kosten	Vorteile	Nachteile	Eignung
Anzeigen Tageszeitungen	hoch	große Verbreitung	kurze Publikationszeit bzgl. der Auswahl sehr zeitintensiv	für leicht zu besetzende Stellen
Anzeigen in Überregionalen Tages- Zeitungen & Fachzeitschriften	mittel	höhere Qualifikation der Bewerber	weniger, dafür anspruchsvollere Bewerber kurze Publikationszeit	Höherqualifizierte (Führungskräfte), Fachkräfte mit Spezialwissen
Bundesagentur für Arbeit	niedrig, teils kostenlos	Schonung eigener personeller Ressourcen Vielzahl von arbeitssuchenden Bewerbern	Ansprechpartner nicht jederzeit erreichbar Besetzung der Vakanz kann lang dauern	für einfaches und mittleres Qualifikationslevel Fach-und Führungskräfte über ZAV
Mitarbeiterempfehlung	keine	kein finanzieller/ personeller Aufwand wenig Frühfluktuation	„schlechte" Empfehlungen sind möglich	für leicht zu besetzende Positionen
Firmenkontaktmesse Hochschulwerbung	mittel bis hoch	persönlicher Erstkontakt geringe Streuverluste	hoher personeller/ finanzieller Aufwand nur Absolventen	Positionen für Nachwuchskräfte
Headhunter Personalberater	hoch bis sehr hoch	höhere Reichweite höhere Kandidatenqualität Vorauswahl durch Berater	hohe Honorare	Fach-und Führungspositionen mit hohem Anspruch

Instrument	Kosten	Vorteile	Nachteile	Eignung
Personalleasing	hoch	zeitliche Flexibilität keine direkten Verträge	höhere Kosten, da Leihgebühr	für kurzfristige Stellenbesetzung einfaches bis mittleres Qualifikationslevel
Unternehmenshomepage	niedrig	schnelle, unverbindliche Kontaktaufnahme schnelle Bewerberauswahl mit E-Mail und Online-Formular	Vakanz wird nur von wenigen Bewerbern gesehen für kleine/neue Unternehmen schwierig	alle Positionen
Online-Stellenbörsen	niedrig bis hoch	große Verbreitung komfortable Suchfunktion viele Bewerber	viele ungeeignete Bewerber hoher finanzieller Aufwand keine Direktansprache	für leicht zu besetzende Positionen für kurzfristig zu besetzende Positionen
Social Media	niedrig bis hoch	schneller, unkomplizierter Austausch große Verbreitung gut für kleine Unternehmen	hoher personeller/zeitlicher Aufwand Gefahren: Kontrollverlust, „Shitstrom", Datenschutz	XING für Rekrutierung Facebook für Employer Branding

Quelle: In Anlehnung an Friedrichs 2012, S. 55-56 (modifiziert und erweitert)

Anhang 2: Interview mit Frau H.

Gesprächsname und -nummer:	Interview A- 22.09.2016
Aufnahmedatum und –zeit:	22.09.2016
Name des Interviewten:	Frau H. = H
Name der Interviewerin:	Kathy Krüger = K
Aufnahme liegt vor als Tonband:	nein, das Interview erfolgte schriftlich per Mail
Kurzbeschreibung:	Experteninterview mit Interviewleitfaden zwischen H ( ) und der Studierenden K
	4 Themenblöcke, 11 Fragen

K: Welche Entwicklungen bzw. Veränderungen konnten Sie in den letzten Jahren hinsichtlich der Gewinnung von geeigneten Fachkräften für Ihr Unternehmen feststellen?

H: Es ist immer schwerer gut qualifizierte pädagogische Fachkräfte zu gewinnen. Kommen Bewerbungen rein sind diese meist weniger qualifiziert.

K: Wie schätzen Sie die Entwicklung bezüglich der Fachkräftesuche in den kommenden Jahren allgemein sowie speziell für Ihr Unternehmen ein?

H: Da sich der Betreuungsschlüssel nicht nur in Berlin ändert, wird dementsprechend mehr Personal benötigt. Es wird zwar verstärkt ausgebildet, u.a. auch dual bzw. in Schnellkursen (Erziehungshelfer) jedoch frage ich mich, wie gut diese Formen der Ausbildung sind, m.E. kommt der theoretische Teil hier viel zu kurz. Speziell für das Unternehmen für das ich arbeite ist es besonders schwierig, da wir bilingual (engl.) arbeiten. Oft wird die Ausbildung von Muttersprachlern, die ihre Ausbildung in ihren Heimatländern ausgebildet werden, nicht anerkannt und dürfen hier (Berlin) nur als 2. Kraft eingestellt werden obwohl sie eine qualifizierte pädagogische Ausbildung haben.

K: Welche Herausforderungen sehen Sie aktuell für Ihr Unternehmen bei der Besetzung offener Stellen mit geeigneten Fachkräften?

H: Zum Glück haben wir z.Z. alle Stellen besetzt. Dies sah aber auch schon anders aus. M.E. wird die Arbeit im Krippenbereich in der Ausbildung noch immer nicht adäquat berücksichtigt und neue Fachkräfte brauchen einige Zeit um sich einzuarbeiten. Bei Bewerbungsgesprächen fragen wir auf Grund der Bilingualität (Immersionskonzept) auch stets das Sprachverständnis der engl. Sprache ab. Hier scheitern bereits einige qualifizierte Bewerber. Hinzu kommt, dass unsere Kita am Rande von Berlin liegt und daher für einige Bewerber eher uninteressant sind.

K: Welche Wege der Personalrekrutierung nutzen Sie aktuell in Ihrem Unternehmen und warum nutzen Sie genau diese? Welchen Erfolgsfaktor versprechen diese für Sie geeigneten Tools?

H: Das Unternehmen ist stark in den sozialen Medien vertreten (Facebook, Twitter, XING, YouTube, kununu, Vimeo). Bei den ersten drei Medien werden offene Stellen gepostet und die MA werden aufgefordert dies ebenfalls zu posten (Facebook). Es gibt sogar eine Prämie für MA und Eltern, wenn sie päd. Fachkräfte vermitteln.

K: Welche weiteren Personalbeschaffungsinstrumente (branchenweit bekannte) könnten Sie sich ggf. für Ihr Unternehmen vorstellen

H: Das Unternehmen ist hier sehr gut aufgestellt. Da wir (das Unternehmen) zum größten Teil betriebsnahe Kitas (und andere Institutionen) betreiben, ist es sehr wichtig sich nach außen zu repräsentieren.

K: Welche Bedeutung hat Social Media für Ihr Unternehmen bzw. welchen Stellenwert hat Social Media im Personalmarketing im Vergleich zu anderen Personalbeschaffungswegen (Messestände oder die eigene Unternehmenswebsite)

H: Social Media hat eine sehr hohe Bedeutung für das Unternehmen. Es gibt hierfür eigenes Personal. Ein Vorteil ist sicher auch die erneute Auszeichnung als bester mittelgroßer Arbeitgeber im Bereich Gesundheit und Soziales.

K: Was glauben Sie, welche Entwicklungen sind perspektivisch bezüglich einer erfolgreichen Personalrekrutierung vor dem Hintergrund des Fachkräftemangels zu erwarten?

H: Zukünftig wird es wichtig sein, den MA mehr Benefits (bietet unser Unternehmen bereits an) zur Verfügung zu stellen um sich als Arbeitgeber attraktiv zu machen. Bewerber können sich die Stellen inzwischen aussuchen. Ich kann mir aber gut vorstellen, dass es in einigen Jahren (geburtenschwache Jahrgänge, Flüchtlingsströme lassen nach) wieder ausgeglichen sein wird und sich die Personallage entspannt.

K: Was wünschen Sie sich zukünftig hinsichtlich der Personalbeschaffung Ihres Unternehmens?

H: Mein Arbeitgeber ist hier schon sehr gut aufgestellt. Da es in einigen Regionen jedoch weiterhin schwierig ist Personal zu rekrutieren wären weitere Benefits wie z.B. Unterstützung bei der Wohnraumsuche, Jobtickets etc. wünschenswert. Dies ist jedoch standortabhängig und wird teilweise schon realisiert.

K: Wo sehen Sie die häufigsten Fehler im Personalbeschaffungsprozess sozialwirtschaftlicher Unternehmen?

H: Aus vorhergehenden Arbeitsverhältnissen weiß ich, dass bei einer großen Anzahl von Bewerbern nur auf die Zeugnisse geschaut wird und nicht auf die Persönlichkeit des Bewerbers.

K: Was haben Sie als besonders hilfreich bei Ihren letzten Bewerberrunden empfunden?

H: Hilfreich war besonders bei berufstätigen Bewerbern die Gespräche in die Abendstunden zu legen sodass die Bewerber nicht freinehmen müssen, dies ist bei Hospitationen bereits schwierig genug. Auch die 1:1 Gespräche sind hilfreicher als mehrere Bewerber zusammen einzuladen.

K: Haben Sie Kenntnis darüber, wie Ihre Wettbewerber vorgehen?

H: Vor kurzem ging durch die Presse, dass die Eigenbetriebe, die für Neukölln zuständig sind, neuen Päd. FK nach überstandener Probezeit 1000€ Prämie zu zahlen.

Anhang 3 Interview mit Herrn Pieper

Gesprächsname und -nummer:	Interview B- 16.11.2016
Aufnahmedatum und –zeit:	16.11.2016, 10:00 Uhr
Dauer des gesamten Aufnahme:	1 Stunde 22 Minuten 39 Sekunden
Aufnahmeort:	Geschäftsstelle der AWO, Kreisverband Fürstenwalde
	Lotichiusstraße 36, 15517 Fürstenwalde/Spree,
	Büro der Geschäftsführung
Name des Interviewten:	Michael Pieper = P
Name der Interviewerin:	Kathy Krüger = K
Aufnahme liegt vor als Tonband:	ja, digitales Tonbandgerät
Kurzbeschreibung:	Experteninterview mit Interviewleitfaden zwischen P (Geschäftsführer der AWO Fürstenwalde) und der Studierenden K
	4 Themenblöcke, insgesamt 11 Fragen

K: Welche Herausforderungen sehen Sie aktuell für Ihr Unternehmen bei der Besetzung offener Stellen mit geeigneten Fachkräften?

P: Wo kontinuierlich und strukturiert Personal gebraucht wird, ist im Erzieherbereich v.a. in den Kindertagesstätten und in der stationären Jugendhilfe. Wir brauchen strukturiert regelmäßig Heilerziehungspfleger für ambulante und stationäre Behindertenhilfe. Wir suchen regelmäßig examiniertes Pflegepersonal, Kranken- und Gesundheitspfleger, Altenpfleger. Das sind die drei Bereiche, wo wir kontinuierlich merken, dass die Bewerberlage nicht so ist, wie wir sie gern hätten. Wir suchen dann strukturell hin und wieder Sozialarbeiter und Sozialpädagogen und da ist das Problem, dass das, was wir als Standard gern hätten, der Markt so ohne weiteres nicht hergibt. Wenn ich jetzt also sagen würde, ich hätte gern die besten, die auf dem Markt sind, dann gibt es auch dort einen Fachkräftemangel. Die Stelle besetzen könnte ich. Das ist dann halt eine andere Frage, wie ich sie besetzen kann. Bei Erziehern, Altenpflegern und Heilerziehungspflegern ist es teilweise so, dass ich die Stellen aber gar nicht besetzen kann, weil es nicht eine einzige Bewerbung gibt.

Strukturell im Land Brandenburg gibt es Einrichtungen der Altenpflege, die schließen Stationen, weil es kein examiniertes Pflegepersonal gibt. Die machen dann daraus Tagespflege. Die Pflegekasse sagt, da muss eine examinierte Kraft sein und weil ich die nicht habe, muss ich schließen. Und dann müssen Sie die Patientenverträge kündigen.

Und im Speckgürtel um Berlin haben Sie einen eklatanten Mangel an Fachkräften, was die Erzieher in Kitas angeht. Die Branche wächst, die Geburtenzahlen steigen tatsächlich immer noch, die Fachkräfte, die kommen, werden immer weniger und die, die aus dem Dienst rausgehen immer mehr. Also gibt es einen Fachkräftemangel und wir konkurrieren noch dazu mit Berlin. Die jungen Leute, die mit der Ausbildung fertig werden, wollen lieber im Friedrichshain wohnen und nicht in Gosen. Also suchen die sich einen Job im Friedrichshain, da gibt es auch einen Fachkräftemangel und sie bekommen dort auch einen Job. Das sind die drei klassischen Bereiche: examiniertes Pflegepersonal, Erzieher und Heilerziehungspfleger. Wenn ich eine Sekretärin suche, bekomme ich 70 Bewerbungen-sofort. Wenn ich eine Bürokauffrau suche, bekomme ich 50 Bewerbungen. Suche ich jemanden für die Buchhaltung, der nur bucht, sind es 40 Bewerbungen. Suche ich eine Hebamme, habe ich schon große Probleme. Aber es gibt dennoch ein paar Bewerbungen, weil die alle aus den Schichtsystemen, in denen sie gerade sind, herauskommen. Also ich habe nie arbeitslose Bewerber. Alle, die sich bei uns bewerben, haben aktuell einen Job. Manchmal sind Berufsanfänger dabei. Aber alle anderen kommen aus bestehenden Arbeitsverhältnissen. Es gibt keine Arbeitslosen in diesem Bereich. Wer in diesem Bereich arbeitslos ist, hat vielleicht Handikaps, sodass er nicht in diesem Bereich arbeiten kann.

K: Das bedeutet also, bei Ihnen gibt es Stellen, vermutlich auch schon längere Zeit, die sehr schwer zu besetzen sind?

P: Ja! Und dann gibt es immer Zeitfenster, die werden immer größer, bis wann ich sie qualifiziert besetzt bekomme. Die strukturelle Problemlage besteht ja darin, dass wenn beispielsweise eine Erzieherin sagt, sie möchte im Unternehmen aufhören, weil sie nach Köln gehen möchte, sie eine 6 monatige Kündigungsfrist hat, wenn sie entsprechend lang im Unternehmen arbeitet. Wenn die Mitarbeiterin sich aber nicht daran halten möchte und einfach geht- solche Fälle hatte ich bereits- könnte ich diese z.B. verklagen, wenn ein Schaden entsteht. Dieser Schaden muss allerdings nachgewiesen werden und dies ist meistens schwierig. Also mache ich in solchen Fällen zumeist einen Aufhebungsvertrag und die Kollegin ist weg. Jetzt bekomme ich aber für die Zeit nicht so schnell Ersatz, denn die, die sich bei mir bewerben, haben das gleiche Problem mit der Kündigungsfrist. Der Markt ist inzwischen so, dass qualifizierte, gute Bewerber aussuchen können, was sie machen. Ich bekomme meine Stelle dann schon auch wieder besetzt, manchmal sogar besser besetzt als vorher, aber die Zeitachse dazwischen ist das Problem. Das Problem verstehen auch Eltern nicht- sie fragen uns, ob wir nicht einen Pool hätten mit Ersatzspielern. Nach Meinung der Eltern bräuchten wir doch einen Erzieherpool für Vertretungen. Dabei bieten nicht mal Zeitarbeitsfirmen Erzieherinnen an- warum auch? Die bekommen doch überall einen Job! Wir haben einen guten Tarifvertrag, zahlen Weihnachtsgeld, Urlaubsgeld, die Mitarbeiter haben 32 Tage Urlaub- das ist alles nicht schlecht. Wir kümmern uns auch darum, dass alle, die bei uns arbeiten, einen Kitaplatz erhalten. Das sind alles Sachen, die gut funktionieren- es hilft aber nur begrenzt. Es gibt halt zu wenige, die in den Beruf reingehen. Der Beruf ist strukturell zu schlecht bezahlt. Deshalb gibt es halt strukturell einen Fachkräftemangel.

K: Können Sie in etwa einordnen, seit wann Sie diese Entwicklungen beobachten?

P: 5-6 Jahre! Sagen wir so: der öffentliche Dienst ist dann für viele auch noch mal attrak-
         tiver als der freie Träger wegen der sozialen Sicherheit. Und der TVöD ist immer noch
         um einiges besser als die Tarifverträge der freien Träger. Das ist allein schon wegen
         dem Besserstellungsgebot so. Die jungen Leute vermuten im öffentlichen Dienst die
         höchste soziale Sicherheit. Aber der öffentliche Dienst überträgt subsidial immer mehr
         Einrichtungen an die freien Träger. Man könnte auch sagen, seit Agenda 2010, wo sich
         das Prinzip völlig umgewandelt hat. Aber es gehen halt in die Schulen zu wenige Er-
         zieherinnen und Erzieher und es werden zu wenig Menschen Krankenschwestern oder
         Heilerziehungspfleger- wegen den Arbeitsbedingungen, wegen den Gehältern, wegen
         den Strukturqualitätsaspekten von diesen Stellen. Der Fachkräftemangel ist allerdings
         kein Problem sozialer Einrichtungen. Überall liest man, dass Mitarbeiter gesucht wer-
         den.

K: Wie schätzen Sie die Entwicklung bezüglich der Fachkräftesuche in den kommenden
         Jahren ein?

P: Schwierig! Das Problem ist, demografisch können wir uns alle an einen Tisch setzen
         und Geburtenzahlen ausrechnen. Das heißt, die auf den Markt kommen in den nächs-
         ten Jahren, sind ja schon geboren. Wir reden ja nicht über die, die noch geboren wer-
         den-also über Fruchtbarkeitsquoten von Frauen. Das machen wir im Krippenbereich,
         dass wir Plätze so planen. Aber die Fachkräfte, die wir brauchen, sind ja schon gebo-
         ren. Wenn Sie sich angucken, wer in Brandenburg nach der 10. Klasse Abitur macht-
         das sind mittlerweile 2/3- das ist eine Katastrophe, muss ich sagen, viel zu viel. Aber
         ich kann das nicht beeinflussen. Ich kann auch nur marginal beeinflussen, welche Be-
         rufe welche Attraktivität erfahren. Wir machen Kampagnen, wir machen Werbung, wir
         machen alles Mögliche für das Berufsbild usw. und kümmern uns auf Landes- und
         Bundesebene um die Lobby, dass diese Berufsstände angemessen honoriert werden
         müssen, damit das überhaupt eine attraktive Tätigkeit ist. Wir tun jede Menge und den-
         noch ist unser Handeln begrenzt, weil die Wirkung erst sehr, sehr spät eintreten wird.
         Wenn Sie sich mal die Fachschulen und Hochschulen angucken- bleiben wir mal bei
         den Fachschulen. Da wird es immer dreimal so viel Bewerber in Berlin geben, wie
         Plätze vorhanden sind. Bundesweit kann ich das leider nicht einschätzen. Aber demo-
         grafisch wird der Bedarf wachsen: ich bekomme mehr Kinder, ich bekomme mehr Pfle-
         gebedürftige und mehr Menschen in Wohnstätten. Das ist das, was ich sicher weiß.
         Aber ob ich mehr Personal bekomme und wann das demografisch so wäre, das ist sehr
         ungewiss. Eher erwarte ich in den nächsten Jahren eine Verschlimmerung der Zu-
         stände. Wann es wieder so sein wird, dass es einen geringeren Bedarf an Kitaplätzen
         gibt- bei den bislang Geborenen ist das nicht zu erkennen- ist unklar. Und wenn die
         Bundesregierung und die Länder aus irgendwelchen Gründen- die sie sozial nennen-
         sagen, wir machen die Kitabetreuung kostenfrei, dann sage ich, dass die Sache nicht
         zu Ende gedacht ist. Es nutzt nämlich nichts, wenn etwas zwar nichts mehr kostet, ich
         es aber auf der anderen Seite auch nicht mehr bekomme. Weil es nämlich so nicht
         funktioniert. Und wenn der Betreuungsschlüssel immer besser gemacht wird, weil der

Beruf dadurch immer attraktiver gemacht werden soll, brauche ich weiterhin immer mehr Personal, was es schlichtweg nicht gibt. Dass Mitarbeiter 20-30 Jahre bei einem Träger angestellt bleiben, ist mittlerweile auch ein Auslaufmodell. In der Regel wechseln die Mitarbeiter alle 3-4 Jahre. Wir stellen dann auch die ein, die selber Kinder bekommen wollen. Die Fluktuation hat sich in den letzten 20 Jahren deutlich verändert.

K: Vielen Dank erst einmal dazu! Nun interessiert mich, welche Wege der Personalrekrutierung Sie aktuell bei der AWO Fürstenwalde nutzen und warum es gerade diese sind?

P: Wir werben gezielt für unser Personal im Land Brandenburg und sparen gezielt Berlin aus, weil wir glauben, dass es wenig Sinn macht, in Berlin zu werben. Berliner suchen i.d.r. keinen Job in Brandenburg, es sei denn, sie bauen gerade ein Haus oder spekulieren damit, zur Familie aufs Land zu ziehen. Aber diese Leute wissen ja dann, wo sie suchen müssen. Die kümmern sich also allein. Wir nutzen im Internet ein paar Sachen gezielt, ein paar Sachen gezielt nicht. Stepstone z.B. nicht. Und zwar, weil es bestimmte Plattformen gibt, auf denen unsere Berufsgruppe- soweit ich das recherchiert haben- so gut wie nie vertreten ist. Ich kenne keine Einrichtung, die eine Erzieherin bei Stepstone z.B. sucht. Aus Bewerbersicht dürfte es ähnlich sein: wenn ich dort gezielt suche, finde ich wahrscheinlich keine Erzieher-Stellen auf Stepstone. Wir fragen i.d.R. unsere Mitarbeiter und junge Leute, wo sie denn suchen. Dann evaluiert das unsere Personalchefin mit einem Fragebogen, wo die, die wir einstellen, überall suchen und wir nutzen die Ergebnisse für die zukünftigen Personalbeschaffungsprozesse. Das Effektivste, was wir nutzen, sind die kostenfreien Anzeigeblätter, die mittwochs und samstags den Haushalten zugestellt werden. Nicht immer werden die Anzeigen von den Kandidaten selbst gelesen, aber die Oma z.B., die das Angebot dann entsprechend weitergeleitet hat. Wir werben auf unseren Internetplattformen für uns selbst. Bei der Bundesagentur, wo alle offenen Stellen zu sehen sind, sind wir auch drin. Und dann gibt es so ein bis zwei Sachen, über die wir immer wieder diskutieren. Da gibt es beispielsweise eine Seite AWO.org bundesweit- da kann man Stellen einspeisen und dann sehen die Bewerber, wo die Stelle ist, ob nun in München, Köln oder eben Fürstenwalde. Dieses System kostet der AWO im Jahr ca. 2000€. Die Mehrheit aller Geschäftsführer hält diese Anwendung jedoch für Unsinn, denn es gibt keinen Kölner, der guckt, ob er in Fürstenwalde eine Stelle findet. Und wenn es ihn doch gibt, dann würde er doch gleich auf der Seite der AWO Fürstenwalde nachsehen. Die Bewerberzahlen sind im Verhältnis, was der Markt hergibt, eigentlich gar nicht so schlecht. Und ich habe nicht das Gefühl, dass ich bestimmte Gruppen überhaupt nicht erreiche. Eher ist es so, dass es diese Leute nicht gibt. Es gibt zu wenige, die eine offene Stelle überhaupt suchen.

K: Das heißt, Sie nutzen schon gern Printmedien zur Anzeigenschaltung. Was genau meinen Sie damit, dass Sie weiterhin das Internet zur Rekrutierung nutzen?

P: Genau, das Anzeigenblatt nutze ich regelmäßig. Im Internet nutze ich unsere Homepage zur Anzeigenschaltung. Dann gibt es noch die Karriereplanungsbörsen von den Hochschulen für Absolventen- da sind wir auch vertreten. Im Netzwerk der Schulen, die ausbilden, sind wir auch drin. Es gibt mittlerweile Träger, die mit der Kitaleiterin in die Schulen gehen und in den Pausen den Absolventen Verträge anbietet. Weiterhin haben und hatten wir schon Stipendiaten bei uns, die ihre Bachelorarbeit oder Masterarbeit mit uns abstimmen und wir Arbeitsvorhaben anknüpfen.

K: Das heißt, Sie nutzen auch gezielt das Schul-, Berufsschul- und Hochschulmarketing für Ihre Rekrutierung?

P: Ja, das geht aber v.a. bei den kleineren und neu gegründeten Hochschulen besser als bei einer Hochschule, die glaubt, dass der Verwaltungsaufwand zu hoch sein. Bei der Karriereplanungsbörse der Alice Salomon Hochschule geht z.B. jede offene Stelle von uns hin.

K: Nutzen Sie auch die Empfehlungen Ihrer Mitarbeiter bei der Anwerbung neuen Personals?

P: Ja, das nutzen wir auch! Bei uns gibt es auch ein Prämiensystem. Jeder Mitarbeiter erhält eine Prämie von 300€, wenn er einen neuen Mitarbeiter empfiehlt, es dadurch zur Einstellung kommt und dieser die Probezeit besteht. Man macht jedoch nicht zwingend immer positive Erfahrungen damit. Das kann man aber vorher nicht wissen. Ich frage aber auch schon bei Einstellungen, ob die jeweilige Person noch weitere gute Fachkräfte kennt. Auch die Verbände untereinander unterstützen sich bei der Personalsuche. Wir schicken uns dann gegenseitig die ausgeschriebenen Stellen und leiten diese innerhalb unserer Netzwerke weiter. Leider bilden die Hochschulen die Leute nicht für die Realität aus- da erfolgt eher eine wissenschaftlich-abstrakte Auseinandersetzung mit Themen, die aber so nicht in der Realität vorkommen. Das erhöht den Fachkräftemangel, weil da Vorstellungen entstehen, was man beruflich machen könnte, die mit der Realität nichts zu tun haben. Oft ist es so, dass 40% der Leute nach der Probezeit wieder gehen, weil sie den Anforderungen in der Praxis trotz Bachelorabschlüssen oder Masterabschlüssen nicht gerecht werden können. Das heißt, die Qualität, dass ich mir unter 40 Bewerbungen 5 aussuchen kann, wo ich schon anhand des Lebenslaufs erkenne, dass die Person tatsächlich geeignet ist, ist vorbei. Ich habe einige Masterabsolventen, die für ihre Tätigkeit keine adäquaten Stellen in der Realität bekommen. Deshalb empfehle ich gerne, immer zuerst einen Job zu machen und dann aus dem Job heraus zu studieren.

K: Okay, vielen Dank! Welche Bedeutung hat Social Media für Ihr Unternehmen?

P: Ein bisschen Erfahrung habe ich. Es gibt Facebook-Präsentationen von verschiedenen Verbänden. Das Problem, was wir haben: wir als Ortsverband sind klein, wir haben nur 300 Mitarbeiter. Die Bezirksverbände mit ca. 1200 Mitarbeiter nutzen Facebook intensiver, die haben dafür Leute, die sich um die Auftritte auf diesen Plattformen kümmern. Mein Ortsverband kann sich aber keine extra Leute dafür leisten. Deshalb nutzen wir Facebook und Twitter gemeinsam mit den Bezirksverbänden und publizieren auch dort offene Stellen und betreiben Öffentlichkeitsarbeit. Wir haben Follower und Gruppen- aber eben nicht auf Kreisebene, denn ich hätte niemanden, der diese Plattformen pflegt. Ich müsste also jemanden dafür einstellen und das kann ich mir nicht leisten. Fremdfirmen dafür zu beauftragen halte ich für wenig sinnvoll, denn ich muss diese Seiten täglich aktuell haben.

K: Nutzen Sie weiterhin Karrierenetzwerke wie XING?

P: Nein! Nein! Das würde ich vielleicht dann machen, wenn es um Karrierestellen geht. Bei Leitungsfunktionen kann sowas interessant sein. Gucken Sie doch mal in der So-zialbranche, ob entsprechende Stellen auf solchen Plattformen veröffentlicht werden und ob Bewerber, die suchen, auch dort anzutreffen sind. Welche Verbände sind denn dort präsent? Fragen nach den Kosten, nach Strukturfolgen und danach, wer diese Plattformen pflegt, sind dabei auch nicht uninteressant. Die Aktualität unserer eigenen Homepage ist z.B. schon ein Problem. Datenschutz ist auch eine große Problematik. Bei Leitungspositionen suchen wir eher innerhalb der Verbandsstrukturen. Als Verband möchte ich ja auch gern Aufstiegschancen bieten.

K: Wenn Sie an zukünftige Entwicklungen denken- was glauben Sie, was bezüglich einer erfolgreichen Personalrekrutierung perspektivisch zu erwarten ist?

P: Ich glaube, dass man sich sukzessive bemüht, mehr Geld zur Verfügung zu stellen. Gleichzeitig wird man aber weiterhin ein Problem damit haben, dass es trotzdem nicht mehr Menschen gibt, die die Berufe ausüben wollen. Das heißt, wenn die demografi-sche Entwicklung so bleibt und die Fachkräfte sich so qualifizieren wie es ist, dann werden die gesellschaftlich dafür sorgen, dass immer mehr Menschen, die die eigent-liche Qualifikation nicht haben, dennoch die Berufe ausüben dürfen. Wenn ich also keine Erzieherin in der Kita finde, muss ich dafür sorgen, dass es auch die unqualifi-zierte Kollegin in der Kita das machen darf, denn sonst ist die Kita zu. Und wenn es demografisch so bleibt, dass es das Fachpersonal objektiv im Land so nicht gibt, dann muss ich dafür sorgen, dass mehr Menschen mit ein geringeren Qualifikationen z.B. Altenpflege machen dürfen, weil ich die Examinierten nämlich gar nicht in die Alten-pflege bekomme. Das bedeutet, dass das Segment mit noch geringer Qualifizierten ohne Abschluss, Pflegehelfer und darunter, höher wird und ich diese Leute innerhalb des Jobs erst qualifizieren muss. Denn die Jobs gibt es ja trotzdem, auch wenn es an ausgebildetem Personal mangelt. Wenn sich der Markt nicht ändert, wird man sich ge-zwungenermaßen für geringer Qualifizierte öffnen müssen. Wenn es die Fachkräfte am Markt also nicht gibt, muss ich halt mit Unqualifizierten was machen. Dann werden wir aber feststellen, dass das Vorurteil gerade in unserer Branche „eigentlich muss man ja nichts können, um diesen Beruf auszuüben"- und deshalb sind soziale Berufe ja gering entlohnt- auflebt. Und wenn der Berufstand das gar nicht nachweisen kann, dass die Unqualifizierte etwas falsch macht, sondern nach 3 Monaten genauso gut arbeitet wie jemand, der eine 5-jährige Ausbildung machte, dann freut dies den Kostenträger natür-lich, weil er an unqualifizierten Arbeitskräften womöglich noch spart. Das ist mein Prob-lem an der Sache. Der fachliche Standard wird geringer, aber auch nur der, den ich immer behaupte, dass er aufgrund von Qualifikation vorhanden ist. Das führt dazu, dass die im Ministerium dann demografisch so entscheiden (müssen), dass die Türen für geringer Qualifizierte geöffnet werden. Ich glaube, der Markt muss geöffnet werden-dass Quereinsteiger da rein dürfen. Problematisch wird es, wenn es dann womöglich reicht, wenn jemand sagt, dass er Kinder mag und das als ausreichende Qualifikation betrachtet wird. Ich vermute, wir werden versuchen, die Leute, die wie Goldstaub sind, besser zu bezahlen. Weiterhin werden wir immer weniger examiniertes Personal haben und immer mehr Laien. Wir werden versuchen, alle möglichen Sachen zu organisieren-gesellschaftlich- die auch hoch mit Programmen finanziert werden. Die Vereinbarkeit von Kindererziehung und Beruf ist in Deutschland ja geklärt- also die Arbeitsfähigkeit von Müttern oder Vätern gibt es. Die Vereinbarkeit von Beruf und Pflegebedürftigkeit der Angehörigen – da gibt es Programme von allen Kassen, denn jeder einzelne Tag, an dem ich versuche die Pflege der Angehörigen privat zu organisieren spart Pflege-plätze in den Heimen- ist noch ein großes Thema. Diese Vereinbarkeit zu schaffen wird in den nächsten 10 Jahren das größte Problem. Die Menschen werden immer älter und irgendwann wird jeder dement. Dann mangelt es an Pflegeplätzen, aber die alten, kran-ken Menschen müssen dennoch gepflegt werden. Damit Angehörige sich aktiv an der Pflege beteiligen können, beschäftigen wir uns aktuell mit Programmen und Forschun-gen zum Thema Vereinbarkeit von Beruf und Pflegebedürftigkeit. Wir wollen immer mehr ins Ehrenamt zurück, zu den Wurzeln in die Familie, sodass es wieder eigenstän-dige Ressourcen gibt- sonst funktioniert das nicht.

K: Und bezüglich der Instrumente der Rekrutierung? Haben Sie da eine Vorstellung da-von, was uns zukünftig erwarten könnte?

P: Ich glaube, wenn die Population der Bewerber eine fixe Größe ist und ich weiß, dass die, die für mich in Frage kommen, für mich erreichbar sind, dann ändere ich nichts. Wenn ich denke, dass es für mich einen Markt in Tschechien gibt, dann kümmere ich mich um den Markt in Tschechien. Ich denke, dass es künftig immer weniger Veröffent-lichungen in Tageszeitungen gibt, weil alle medialen Sachen einen immer höheren An-teil haben. Es wird also kaum noch Leute geben, die eine Zeitung in Papierform über-haupt noch lesen. Also brauche ich auch nichts mehr in Papierform zu machen. Aber ich werde das in Papierform nicht gänzlich lassen, solange ich nicht weiß, ob die Po-pulation es gelernt hat, dass meine Stellen da nicht mehr drin stehen. Inserate in der Zeitung sind für mich Werbung. Das lesen auch die 70-Jährigen und erfahren so, was die AWO tut. So wie sich der Markt entwickelt, würde ich also auch meine Strategien und Instrumente anpassen. Und wenn alle ihre Anzeigen auf die Autos kleben, mache ich das auch. Wenn es eine App gibt, wähle ich die App.

K: Gut! Gibt es denn irgendetwas, was Sie sich zukünftig hinsichtlich der Personalrekru-tierung Ihres Unternehmens wünschen?

P: Das macht mich jetzt sprachlos...Ich hätte gern mehr Bewerber! Ich hätte gern einen anderen Markt! Ich hätte gern weniger offene Stellen und mehr besetzte Stellen! Ein großes Problem ist die Einarbeitung von neuen Mitarbeitern, weil die Leitungskräfte zu wenig Zeit haben. Das heißt, die Leitung hat für das, was dringend erforderlich wäre zu wenig Zeit. Wenn das, was wir einstellen schon nicht alle Voraussetzungen hat, dann müsste ich mich mehr darum kümmern können. Wenn ich dafür aber noch weniger Zeit habe als noch vor 10 Jahren, dann ist das als Konflikt noch größer obwohl ich eigentlich genau das Gegenteil will. Es ist quasi wirklich so, dass ich mich da sowohl asymmetrisch verhalte als auch diametral das Gegenteil von dem erreiche, was ich eigentlich intendiere.

K: Ja, das ist wirklich ein großes Problem! Ich würde nun gern zu den letzten Fragen übergehen. Wo sehen Sie die häufigsten Fehler im Personalbeschaffungsprozess sozialwirtschaftlicher Unternehmen?

P: Kita! In Kita wird ganz oft eine Einstellung an der Sympathie festgemacht. Sie machen es einfach an persönliche Präferenzen fest. Wer nicht sympathisch ist, wird nicht eingestellt. Ich hatte mal eine Leitung, die hat immer die möglichst schwächere Bewerberin genommen, damit ihr selbst keiner was tut. Also bloß keinen einstellen, der schlauer ist als man selbst. So etwas gibt es übrigens auch an Hochschulen. Die meisten machen- bewusst oder unbewusst- Fehler. Weil sie aber auch mit der Ressourcenbeschaffung überfordert sind. Die ganzen Jahre zuvor müssten sie das nicht. Da hatte man 5 Überflieger bei den Bewerbungen und die Entscheidung war getroffen. Es wird halt immer schwieriger. Leider fehlt es oft auch an Zeit für die Beschaffungs-Verfahren. Outsourcen funktioniert auch nicht.

K: Was haben Sie denn in Ihren eigenen Bewerberrunden immer als besonders hilfreich empfunden?

P: Also ich habe einen Gesprächsleitfaden. Ich frage die Bewerber i.d.R. immer danach, was sie als letztes für ein Buch gelesen haben, was sie für Musik hören, ich frage, wo sie zuletzt im Urlaub waren. Und dann stelle ich noch ein bis zwei Fragen, wo ich mir zu 99% sicher sein kann, dass die Bewerber diese Fragen nicht beantworten können. Das mache ich deshalb, weil ich wissen will, wie die Menschen in solchen Situationen reagieren. Fangen die dann an, sich was auszudenken oder sind sie ehrlich und sagen, dass sie die Antwort nicht kennen? Für mich ist wichtig zu sehen, wie die Bewerber mit Fragen umgehen, deren Antwort sie nicht kennen. Die Bewerberrunden machen wir zu zweit oder zu dritt und wir stimmen die Fragen immer vorher ab. Für mich ist immer wichtig zu erfahren, welchen sozio-kulturellen Hintergrund haben die Bewerber. Was sind das für Leute? Ich will damit die Situation auf den Alltag adaptieren. Wie reagieren die Leute, wenn eine Mutter im Gespräch Fragen stellt und sie womöglich 5x mehr Ahnung hat als die Pädagogin. Wenn ich beispielsweise sehe, dass Bewerber ein spezielles Thema in ihrer Abschlussarbeit behandelt haben, dann thematisiere ich auch das in den Bewerberrunden. Trotzdem ist es leider oft so, dass inhaltlich nicht viel Wissen vorhanden ist. Und trotzdem muss ich die Leute nehmen, weil ich sonst die Betreuung nicht gewährleisten kann.

K: Das ist wirklich eine schwierige Situation. Ich möchte nun zu meiner letzten Frage kommen. Haben Sie Kenntnis darüber, wie Ihre Wettbewerber bei der Personalbeschaffung vorgehen?

P: Wir sind z.B. bezüglich unserer Tarifstrukturen nicht transparent. Bei uns bekommen Sie im Vorfeld Ihrer Bewerbung nicht heraus, was Sie bei uns verdienen. Das Problem ist: das wollen wir gar nicht, dass man das nicht erfährt. Ich hätte es gern transparenter. Das Problem ist, wir haben seit 7-8 Jahren erstmals wieder einen Tarifvertrag mit Ver.di abgeschlossen- den finden Sie online nicht. Und davor die Jahre gab es nichts. Wenn Sie jetzt versuchen, herauszukommen, was man im öffentlichen Dienst in einer bestimmten Vergütungsgruppe verdient, bekommt man das heraus. Bei uns allerdings findet man gar nichts. Wir versuchen gerade, unsere Modalitäten als Broschüre zu drucken und diese dann online zu stellen. Denn wir stehen mit unserer Vergütung wirklich nicht schlecht da. Bei uns gibt es Weihnachtsgeld, Urlaubsgeld, 32 Tage Urlaub, für Personal der stationären Jugendhilfe gibt es pro Nachtdienst nochmal Zuschläge. Leider steht das bisher nirgendwo und Bewerber können keine Vergleiche ziehen. Und da gibt es dann in der Liga der Wohlfahrtspflege unterschiedliche Interessen- der, der damit offensiv umgehen würde und die, die das nicht wollen. Ich möchte, dass in der Öffentlichkeit bekannter wird, was eine Erzieherin eigentlich verdient. In unserer Branche wird das Thema Geld leider tabuisiert. Aber wenn man einen Fachkräftemangel hat, muss man erklären, was eine Altenpflegerin monatlich verdienen kann. Und wenn das nicht gut ist, dann müssen wir das verbessern mit den Kostenträgern zusammen. Denn sonst gibt es niemanden, der diese Berufe ausübt. Die Transparenz über Verdienstmöglichkeiten in der Sozialbranche muss gegeben sein, denn damit kann man ggf. mehr Leute in die Berufe bringen. Man muss offensiver mit den Rahmenbedingungen umgehen und mehr Transparenz schaffen. An den Hochschulen müssen die Studenten lernen, was sie als Absolventen verdienen können. Das Problem ist ja, dass derjenige, der die Stellen bezahlt, uns unterstellt, dass wir nicht wirksam sind. Und weil wir sowieso nicht wirksam sind, kann es auch preiswert bleiben und jedermann den Job ausführen.

K: Ich bedanke ich mich für Ihre Zeit und die sehr wertvollen Informationen!

P: Sehr gern! Und Ihnen wünsche ich eine gute Masterarbeit.

Printed by Books on Demand, Germany